LITTLE MISS SUNSHINE

LITTLE MISS SUNSHINE 리틀 미스 선샤인

2009년 1월 14일 초판 1쇄
2011년 3월 16일 초판 2쇄

번역·해설 | 이일범
펴낸이 | 조치영
편집 | 김동혁
디자인 | 남다희
마케팅 | 손정선
경영지원 | 마하선
인 쇄 | 삼성인쇄사
펴낸곳 | 스크린영어사

서울특별시 관악구 대학동 1514번지
TEL | (02)887-8416
FAX | (02)887-8591
http://www.screenplay.co.kr

등록일자 | 1997년 7월 9일
등록번호 | 제16-1495

책값 18,000원
ISBN 978-89-87915-93-7

* 잘못 만들어진 책은 구입하신 서점에서 교환해드립니다.

LITTLE MISS SUNSHINE

스크린영어사
Screen English Publishing co.

〈리틀 미스 선샤인〉을 시작하며

여기에 잔잔하게 살아 숨쉬면서 평범한 진리를 내보이는 명작 영화 한 편을 내놓는다. 그 동안 쉬운 언어 재료를 위해 여러 편의 애니메이션을 선보여 독자들의 성원을 받았음을 고맙게 생각한다. 하지만 역시 영화를 이용한 학습은 단순한 영어 자료도 중요하지만 무엇보다 재미가 있고 인생을 음미할 수 있는 내용이 바람직하다. 눈과 귀를 비롯한 오감으로 학습하는 것이 스크린 영어의 장점이기 때문이다. 진정으로 우리와 같은 사람들이 삶의 현장에서 터득하고 우러나서 사용하는 표현들이 가슴에 와 닿고 또 뇌리에 더 박힌다.

이렇게 본다면 아마도 〈리틀 미스 선샤인〉 같은 영화는 스크린 영어 학습자들에게 최상의 영화가 아닌가 싶다. 이는 재미와 감동을 느낄 수 있음은 물론 제시되는 언어 재료들도 매우 평이하여 누구나가 가볍게 접근할 수 있는 작품이기 때문이다. 여기에는 눈과 귀를 피곤하게 하는 화려함이나 스펙터클, 또는 굉음을 찾을 수 없으며 오직 평범한 삶만이 녹아 있다. 모쪼록 이 영화를 통해 독자 여러분들의 영어 실력 향상에 큰 도움이 되기를 기원한다.

사실, 누구나가 스크린 영어를 이용한 영어 학습이 영어 실력 향상의 지름길이며, 스크린 영어 교재가 최고의 영어 교사라는 것을 알고 있다. 하지만 그것을 학습하는 방법에 대해서는 아직도 명확한 학습 패턴을 설정하지 못하는 경우가 많다. 특히 학교나 학원 등 교실 수업에서는 교사의 취향이나 능력, 또는 학생들의 실력이나 수준에 따라 수업 진행 방법이나 내용에 있어 천차만별적인 수업이 실행되고 있는 것이 현실이다. 물론 외국어 학습에서 어떤 한 가지 방법이 최고라고 할 수는 없다. 하지만 최소의 노력으로 최대의 효과를 올릴 수 있는 방법은 분명히 존재한다. 영어 실력 향상을 모색하는 학습자들을 위해 본사에서는 나름대로 연구한 스크린 영어 학습법의 모형을 내놓았다. 본사 홈페이지나 본사에 연락을 하면 쉽게 이용할 수 있는 정보이므로 혹시 관심이 있는 독자라면 도움이 될 수도 있을 것이다.

늘 느끼는 일이지만 스크린 영어를 위해 이번에도 기획에서 편집까지 수고를 아끼지 않는 회사의 직원들에게 감사의 뜻을 전한다. 어려운 여건에도 불구하고 끊임없이 스크린 영어라는 한 우물을 파고 있는 사장님에게도 격려의 말을 전하고 싶다. 아마도 여기에 제시하는 귀중한 언어 재료를 통해 독자 여러분의 영어 실력이 향상된다면 회사의 구성원들에게 그보다 더 큰 보상이 없을 거라고 생각한다. 독자 여러분의 건투를 빈다.

Contents

콜론(:)의 용법

한국어에는 거의 없는 용법이지만 영어에서는 많이 사용되는 중요한 용법이니 잘 알아두자.

1. 콜론 앞은 붙이고 (한 칸 띄우면 안 됨) 콜론 뒤는 반드시 한 칸 띄워야 한다.
2. 보통 3개 이상을 나열할(list) 때 콜론을 사용한다.
3. 콜론 앞의 문장이 완벽한 문장(complete sentence)이어야 한다.
   (1) 콜론 앞이 명사로 끝나거나
   (2) 콜론 앞이 the following 또는 as follows로 끝나야 한다.
4. 나열되는 명사들은 콤마(,) 또는 세미콜론(;)으로 구분해준다.
   예: I have three favorite actors: Paul Newman, Woody Allen, and Harrison Ford.
   We took the following: a tent; two sleeping bags; and a lantern.

• 일러두기

본 책에서는 등장인물과 대사의 확실한 구분과 효과적인 내용 전달을 위해
등장인물 다음에 공간을 띄우고 콜론을 사용하였다.

LITTLE MISS **SUNSHINE**

Whatever happens, you tried to do something on your own,
which is more than most people ever do,
and I include myself in that category.
You took a big chance, and it took guts,
and I'm proud of you.

Chapter 1

9단계 '실패의 거부' 프로그램

Nine Step "Refuse to Lose" Program

시간 00:00:25 ~ 00:08:58

1. INT. BASEMENT REC ROOM. DAY

Music—quiet and melancholy—plays over all the opening scenes, leading to the title card.

Close to a girl wearing a big brown-rimmed glasses.

This is Olive, seven-year-old girl. She sits watching a show on TV intently. She is big for her age and slightly plump. She has frizzy hair. She studies the show very earnestly.

2. ECU. VIDEO PIXELS

Five young beautiful women stand side by side, waiting to be judged—breathless, hopeful. A name is announced.

ANNOUNCER : (V.O.) The winner of a $30,000 scholarship is Miss Louisiana Erika Schwarz!

The contest winner bursts into tears and hugs the nearest loser—overwhelmed and triumphant. Four hearts break.

1. **내부. 지하 오락실. 낮**
음악—조용하고 우울한—이 처음 몇 장면 동안 내내 연주되어 타이틀이 나올 때까지 계속된다.
커다란 갈색테 안경을 쓰고 있는 한 소녀가 화면에 비친다.
바로 일곱 살 먹은 소녀 올리브다. 그녀는 앉아서 텔레비전 화면에 나오는 한 쇼를 열심히 보고 있다. 그녀는 나이에 비해서 큰 편이며 약간 포동포동하다. 머리는 곱슬하게 지진 상태로, 쇼를 매우 진지하게 보고 있다.

2. **클로즈업. 비디오 화소**
다섯 명의 아름다운 젊은 여성들이 나란히 서 있다. 숨을 죽이고, 희망을 가지고 심사 결과를 기다리고 있다. 이름이 하나 호명된다.

아나운서 : (목소리) 3만 달러의 장학금 수상자는 미스 루이지애나 에리카 슈워츠!

대회 수상자는 눈물을 터뜨리며 가장 가까이 있는 패배자를 껴안는다. 격정으로 압도되고 의기양양하다. 네 명의 가슴은 찢어진다.

- **intently**
  여념 없이, 골똘하여, 오로지
- **plump**
  포동포동한, 토실토실한
  having a soft, round body; slightly fat
- **frizzy**
  지진 머리의, 곱슬하게 지져진
  having hair that is very tightly curled
- **ECU**
  극도의 클로즈업
  extreme closeup의 약어
- **pixel**
  (TV 화면을 구성하는 최소 단위의) 화소
  any of the small individual areas on a computer screen, which together form the whole display
- **overwhelmed**
  어찌할 바를 모르는, 격정으로 압도된
  • overwhelm
  압도하다, 질리게 하다, 당황하게 하다

ANNOUNCER : (V.O.) And the new Miss America is Miss Kansas, Tara Dawn Holand!

3. INT. BASEMENT REC ROOM. DAY

The winner on TV has the tiara pinned on her head.
Olive, using a remote, freezes the image and rewinds the tape and starts all over.
Again. Miss America hears her name announced and once again breaks down in tears.

ANNOUNCER : (V.O.) ... scholarship is Miss Louisiana Erika Schwarz! And the new Miss America is Miss Kansas, Tara Dawn Holland!

She puts down the remote control on the floor.
Absently she holds her cheeks with her hands and then mimics the waving style of Miss America.

RICHARD : (V.O.) There are two kinds of people in this world—winners ... and losers.

4. INT. CLASSROOM. DAY

Richard, forty-five years old, stands at the front of a generic community college classroom.
He wears pleated trousers, a blue shirt, a striped necktie. He moves with the stocky, stiff-legged gait of a former athlete.
His peppy, upbeat demeanor just barely masks a seething sense of insecurity and frustration. Music continues underneath.

RICHARD : Inside each and every one of you—at the very core of your being—is a winner waiting to be awakened ... and unleashed upon the world.

아나운서 : (목소리) 그리고 새로운 미스 아메리카는 미스 캔자스 타라 돈 홀런드입니다!

3. 내부. 지하 오락실. 낮

텔레비전의 수상자는 머리에 보석이 달린 머리 장식관을 쓰고 있다. 올리브는 리모컨을 사용해서 화면을 정지시키고 테이프를 다시 돌려서 처음부터 보기 시작한다.
다시, 미스 아메리카가 자신의 이름이 호명되는 것을 듣고서는 다시 한번 울음을 터뜨린다.

아나운서 : (목소리) …장학금 수상자는 미스 루이지애나 에리카 슈워츠! 그리고 새로운 미스 아메리카는 미스 캔자스 타라 돈 홀런드입니다!

그녀는 리모컨을 바닥에 내려놓는다.
멍하니 두 손으로 뺨을 잡고는 미스 아메리카가 손을 흔드는 모습을 흉내 낸다.

리처드 : (목소리) 세상에는 두 부류의 사람들, 즉 승자와… 패자가 있습니다.

4. 내부. 교실. 낮

45세의 리처드가 한 일반적인 지역 전문대학의 교실 앞쪽에 서 있다. 그는 주름진 바지, 푸른 셔츠 그리고 줄진 넥타이를 착용하고 있다. 그는 예전 운동선수의 단단하고 굳은 다리를 지닌 걸음걸이로 움직인다.
그의 기운이 넘치고 행복한 태도도 심한 불안감과 좌절감을 거의 감추지 못한다. 음악은 그 바닥을 흐른다.

리처드 : 여러분 모두에겐 내면 깊은 곳에—여러분 본질의 바로 핵심에—깨어나 세상으로 뛰쳐나오고픈 승자가 숨어 있습니다.

- **tiara**
  여성의 보석 달린 머리 장식(관)
- **pleated**
  주름진
- **stocky**
  단단한, 땅딸막한, 굳은
- **gait**
  걸음걸이, 보조, 걷는 모양
  a way of walking
- **peppy**
  원기 왕성한, 기운이 넘치는
- **upbeat**
  낙관적인, 행복한, 즐거운
- **demeanor**
  처신, 행실, 태도, 몸가짐
- **seething**
  격렬한, 소용돌이치는, 비등하는
- **insecurity**
  불안(감), 불안정, 확신이 없음
- **unleash**
  자유롭게 하다, 가죽 끈을 풀다

… is a winner waiting to be awakened.
승자가 깨어나기를 기다리고 있다.
앞에 부사구가 나와 있으므로 a winner is waiting to be awakened.가 도치된 구문이다.

Zoom In

… is a winner waiting to be awakened.

승자가 깨어나기를 기다리고 있다.

Richard turns and points at his Power Point presentation, projected behind him, that bullet-lists his key points.

RICHARD : With my Nine Step "Refuse to Lose" program, you now have the necessary tools, and the insights and the know-how to put your losing habits behind you, and to go out and make your dreams come true.

He sighs for the big finale. In the dim half-light, it's a hushed, dramatic moment.

RICHARD : No hesitating! (chuckles) No complaining! No excuses! I want you to go out in the world ... and I want you to be the winners! Thank you!

Big smile.
The lights are turned on.
Reverse angle–There are ten students in a classroom that could seat one hundred. They clap half-heartedly.
Then there's an awkward moment when everyone gathers their stuff. No one says anything.

5. INT. DWAYNE'S BEDROOM. DAY

Dwayne is a handsome fifteen-year-old. He lies on his back in his bedroom, bench-pressing a barbell.
The bedroom is dominated by a huge portrait of Friedrich Nietzsche, painted on a bed sheet, hanging on one wall.

Jump cuts:
Dwayne does jump ropes.
Dwayne does sit-ups beside the bed.

리처드는 돌아서서 자신의 파워 포인트를 이용한 프레젠테이션을 가리킨다. 그것은 뒤쪽에 투사되어 있는데 자신이 말하고자 하는 핵심 사항을 굵은 점으로 열거하고 있다.

리처드 : 제가 만든 9단계의 '실패의 거부' 프로그램으로 이제 여러분은 필요한 도구를 갖게 되며 성공을 향한 통찰력과 노하우를 지니게 되어 패자의 습성을 떨쳐버리고 뛰쳐나와 꿈을 현실로 만들 수 있을 것입니다.

그는 멋진 대단원을 위해 한숨을 쉰다. 어슴푸레한 불빛 속에서 그것은 고요하고 극적인 순간이다.

리처드 : 주저하지 마세요! (만족한 미소를 짓는다) 불평하지 마세요! 핑계도 대지 마세요! 이제 세상으로 나가… 승자가 되십시오! 감사합니다!

만족스러운 미소.
전등이 켜진다.
후면 촬영—100명이 앉을 수 있는 강의실에 10명의 학생이 앉아 있다. 그들은 성의 없게 박수를 친다.
그리고는 어색한 순간이 지나고 모두가 자신의 물건을 집어 든다. 아무도 말이 없다.

5. 내부. 드웨인의 침실. 낮
드웨인은 15세의 잘생긴 소년이다. 그는 침실에서 등을 대고 누워 역기를 들어올리고 있다.
침실의 특징은 커다란 프리드리히 니체의 초상화로, 침대 시트 위에 그려져 한쪽 벽에 걸려 있다.

장면의 비약:
드웨인은 줄넘기를 한다.
드웨인은 침대 옆에서 윗몸 일으키기를 한다.

- **finale**
  대단원, 종국
  the last part of a show or a piece of music; an ending to something of the type mentioned
- **half-light**
  박명, 어스름
- **hushed**
  조용한, 고요해진
  (of a place) quiet because nobody is talking; much quieter than usual
- **half-heartedly**
  마음이 내키지 않아서, 냉담하게, 성의 없이
- **barbell**
  바벨, 역기
  a long metal bar with weights at each end, used in the sport of weightlifting and for exercise
- **dominate**
  특징 지우다, 지배하다
  to control or have a lot of influence over somebody or something, especially in an unpleasant way

No hesitating!
주저하지 마십시오!
Don't hesitate.와 같은 표현. 'No+-ing'는 '반대, 금지, 무, 비, …이 있어서는 안 된다'의 뜻이다.

Zoom In

No hesitating!

주저하지 마십시오!

Dwayne does vertical push-ups.
Dwayne does vertical chin-ups on a wall-mounted brace.
Dwayne breathes heavily, having finished his work-out.
He walks to a home-made calendar on the wall made from a long roll of computer paper.
On the roll is a long grid of maybe a thousand squares.
About half the squares have been filled in with magic marker.
Dwayne uncaps a magic marker and fills in one more square.

6. INT. BATHROOM. DAY
A hand closes the door and locks it.
Two hands take out a tobacco pouch from his fanny pack. They spill a white powder onto a small mirror.
A razor blade cuts the powder into lines.
A rolled-up dollar bill lowers. The lines are snorted.
The snorter lifts his head up. He is a chunky, balding old man—a Roz Chast kind of grandfather. This is Grandpa, 80 years old.
He sits down on the toilet seat, rubs his nose, takes a breath and relaxes as the drugs flood his system.

SHERYL : (V.O.) I'm on my way.

7. INT. CAR. DAY
A woman, Sheryl, 40s, is smoking and talking on a cell phone as she weaves through a strip-mall landscape.

SHERYL : I don't know how long ... I don't know ...! (sighs) Richard, he has nowhere else to go!

She takes a drag, listens with increasing irritation, then exhales. A beat.

SHERYL : I'm not smoking ... I'm not! Look, I'm at the hospital ... Yeah. Okay, bye.

드웨인은 상하로 엎드려 팔 굽혀 펴기를 한다.
드웨인은 벽에 설치한 버팀대에서 턱걸이를 한다.
드웨인은 숨을 몰아 쉬며 자신의 운동을 끝낸다.
그는 긴 컴퓨터 두루마리 용지로 집에서 만든 달력이 걸려 있는 벽으로 간다.
두루마리 위에는 천 개 정도의 사각형 격자 눈금이 있다.
반 정도의 사각형에는 매직 마커펜으로 한 표시가 가득 채워져 있다.
드웨인은 매직 마커펜의 뚜껑을 열고는 사각형 표시를 하나 더 채워 넣는다.

6. 내부. 화장실. 낮
손 하나가 문을 닫고 그것을 잠근다.
두 개의 손이 허리에 맨 작은 주머니로부터 담배 쌈지를 꺼낸다. 그리고는 작은 거울 위에다 흰색 가루를 흩뜨린다.
면도날 하나가 그 가루를 갈라 줄지어 놓는다.
둘둘 만 1달러 짜리 지폐가 내려와 줄지어 놓은 가루를 흡입한다.
흡입자가 머리를 든다. 그는 짤막하고 딱 바라진 대머리 노인으로 로즈 카스트 타입의 할아버지다. 바로 그가 80세의 할아버지이다.
그는 변기 위에 앉아서 코를 비비며 심호흡을 하고는 마약이 몸 조직에 퍼지자 나른해진다.

셰 릴 : (목소리) 지금 가는 중이야.

7. 내부. 차. 낮
40대의 여인인 셰릴이 담배를 피우며 스트립 몰의 경치를 통해 요리조리 누비고 나아가면서 휴대 전화로 말을 하고 있다.

셰 릴 : 얼마나 오래 걸릴지는 모르지… 모른다니까…! (한숨을 쉰다) 리처드, 그는 달리 갈 곳이 없다고!

그녀는 담배를 한 모금 빨고 점점 짜증이 나 듣더니 내뿜는다. 잠시.

셰 릴 : 나 담배 안 피워… 아니라니까! 이봐, 나 지금 병원이야… 그래. 알았어, 끊어.

- **chin-up**
  턱걸이
- **brace**
  버팀대, 지주, 꺾쇠
- **grid**
  바둑판 눈금, 격자 눈금
- **fanny pack**
  허리 벨트에 매는 지퍼 달린 작은 주머니
- **snort**
  〈속어〉 마약을 흡입하다, 콧김을 내뿜다
- **chunky**
  짤막하고 딱 바라진
- **Roz Chast**
  로즈 카스트(미국의 만화가)
- **weave**
  장애물 사이를 누비고 나아가다
- **strip-mall**
  상점이 한 줄로 늘어서고 그 앞에 1열 주차장이 있는 쇼핑센터
- **drag**
  담배를 빨기

I'm on my way.
가는 중이에요.
on one's way나 on the way는 '…가는 길에, 도중에, 진행 중의'의 뜻이다.

Zoom In

I'm on my way.
가는 중이에요.

She beeps off her phone. She shakes her head.

8. INT. HOSPITAL ROOM. DAY

In a wheelchair, parked in front of a window, is Sheryl's brother, Frank, also middle-aged. His wrists are wrapped in bandages.
The opening credits begin.

9. INT. HOSPITAL CORRIDOR. DAY

Sheryl strides anxiously down a hospital corridor, fingering a small cross on her necklace, checking room numbers. She finds the room she's looking for. As she tries to enter, a doctor emerges. They nearly collide.

DOCTOR : Ms. Hoover?

Sheryl nods.

DOCTOR : Your brother's fine.

Sheryl exhales—hugely relieved.
She wears office attire and a name tag that reads, "Sheryl Hoover, Senior Account Manager."
Through the open door, we can see Frank.

DOCTOR : (V.O.) I need you to keep him away from sharp objects: knives, scissors ... If you have medications—depressants—in your house, keep them secured ...

10. INT. HOSPITAL ROOM. DAY

With empty eyes, he listens to the muted voice of the doctor coming from the hallway.

DOCTOR : (V.O.) I'd prefer to keep him, but ...

그녀는 전화를 눌러 끈다. 머리를 가로젓는다.

8. 내부. 병실. 낮
셰릴의 남동생인 프랭크는 역시 중년으로 휠체어를 탄 채 창문 앞쪽에 앉아 있다. 그의 손목은 붕대가 감겨져 있다.
소개 자막이 흐르기 시작한다.

9. 내부. 병원 복도. 낮
셰릴이 근심스러운 표정으로 병원 복도를 걸어온다. 자신의 목걸이 위에 있는 작은 십자가를 손가락으로 만지면서 방의 번호를 살핀다. 찾고 있는 방을 발견한다. 들어가려고 하는데 의사가 나타난다. 그들은 부딪칠 뻔한다.

의 사 : 미즈 후버?

셰릴은 고개를 끄덕인다.

의 사 : 동생 분은 괜찮으세요.

셰릴은 크게 안심하며 숨을 내쉰다.
그녀는 사무실 복장을 하고 있는데 이름표에는 '셰릴 후버, 선임 회계 책임자'라고 적혀 있다.
열린 문을 통해 프랭크가 보인다.

의 사 : (목소리) 칼, 가위 같은 날카로운 물건은 치워 두세요… 집에 진정제 같은 약 있으면 치워 두시고요…

10. 내부. 병실. 낮
공허한 눈으로 프랭크가 복도에서 들려오는 의사의 억제된 목소리를 듣고 있다.

의 사 : (목소리) 그를 여기 계속 두고 싶지만…

- **collide**
  충돌하다, 부딪치다
  to crash into each other; to crash into something
- **medications**
  약제, 약물, 투약
- **depressant**
  진정제
- **muted**
  음색이 약해진, 억제된
  (of sounds) quiet; not as loud as usual; (of emotions, opinions, etc.) not strongly expressed

I'd prefer to keep him.
그를 계속 데리고 있고 싶다.
여기서 I'd의 would는 말하는 사람의 의지, 감정을 완곡하게 표현하여 '하고 싶다'의 뜻이다.

Zoom In

I'd prefer to keep him.
그를 계속 데리고 있고 싶다.

SHERYL : (V.O.) Yeah, I know. The insurance ...

11. INT. HOSPITAL CORRIDOR. DAY
Sheryl listens to the doctor.

DOCTOR : You want to see him?

Sheryl nods.

12. INT. HOSPITAL ROOM. DAY
Sheryl enters. The doctor closes the door. Frank barely reacts.

SHERYL : Hey, Frank ...

FRANK : Sheryl.

Fighting tears, she goes and hugs him.

SHERYL : I'm so glad you're still here.

Beat.

FRANK : Well, that makes one of us.

13. EXT. CAR. DAY
Sheryl drives Frank home from the hospital. The car runs through a tunnel.

ANNOUNCER : (V.O. from radio) A stronger windstorm will pass out across New Mexico tonight, bringing with it a little moisture that will cool things off.

셰 릴 : (목소리) 네, 알아요. 보험이…

11. 내부. 병원 복도. 낮
셰릴은 의사의 말에 귀를 기울인다.

의 사 : 그를 만나 보시겠어요?

셰릴은 고개를 끄덕인다.

12. 내부. 병실. 낮
셰릴이 들어온다. 의사는 문을 닫는다. 프랭크는 별 반응을 보이지 않는다.

셰 릴 : 안녕, 프랭크…
프랭크 : 셰릴.

눈물을 참으면서 그녀는 가서 그를 껴안는다.

셰 릴 : 무사해서 정말 다행이야.

잠시.

프랭크 : 글쎄, 난 아닌걸.

13. 외부. 차. 낮
셰릴이 프랭크를 데리고 집으로 차를 몬다. 차가 터널을 빠져 나간다.

아나운서 : (라디오로부터 목소리) 비를 동반하지 않는 더 강력한 폭풍이 오늘 밤 뉴멕시코 지역을 지나면서, 비를 뿌려 습기 때문에 날씨가 서늘해지겠습니다.

- **insurance**
  보험
  an arrangement with a company in which you pay them regular amounts of money and they agree to pay the costs, for example, if you die or are ill, or if you lose or damage something

- **moisture**
  습기, 수분, 수증기, 물기
  very small drops of water that are present in the air, on a surface or in a substance

- **cool off**
  …을 차게 하다, 서늘하게 하다, 가라앉히다

That makes one of us.
그건 우리 중의 한 사람에게 해당되지. I'm not so glad I'm still here.를 완곡하게 표현한 것이다.

Zoom In

That makes one of us.
그건 우리 중의 한 사람에게 해당되지.

14. INT. CAR. DAY
Sheryl and Frank say nothing.

ANNOUNCER : (V.O.) We may even see a five-to-ten-degree drop in temperatures in Albuquerque.

Sheryl sneaks, glances at Frank. Hesitantly.

SHERYL : You wanna talk or no?

Frank stares at the road in front of them. Finally.
Indistinct chatter continues from the radio.

FRANK : No.

Sheryl nods. They keep driving.

15. INT. DOORWAY. RICHARD & SHERYL'S HOUSE. DAY
In the background, through a doorway, the front door opens. Sheryl enters carrying a bag and a suitcase. Frank follows her and stands awkwardly. The hall is in wild disorder.

SHERYL : (calling out) Hello?

16. INT. KITCHEN. DAY
They enter a kitchen.

SHERYL : Anyone ...?

Frank follows passively.

14. 내부. 차. 낮
셰릴과 프랭크는 말이 없다.

아나운서 : (목소리) 앨버커키의 기온은 5도에서 10도 가량 떨어질 것입니다.

셰릴은 프랭크를 몰래 흘끗 쳐다본다. 주저하며.

셰 릴 : 말하고 싶은 거야, 하고 싶지 않은 거야?

프랭크는 앞쪽의 도로를 응시한다. 마침내.
라디오로부터 분명치 않는 소리가 계속된다.

프랭크 : 싫어.

셰릴은 고개를 끄덕인다. 그들은 계속 달린다.

15. 내부. 현관. 리처드와 셰릴의 집. 낮
배경으로 현관을 통해서 문이 열린다. 셰릴이 가방과 옷 가방을 들고 들어온다. 프랭크는 그녀를 따라와 어색하게 선다. 홀은 몹시 어질러져 있다.

셰 릴 : (소리치면서) 누구 없니?

16. 내부. 부엌. 낮
그들은 부엌으로 들어온다.

셰 릴 : 아무도 없어…?

프랭크는 수동적으로 뒤를 따른다.

- **sneak**
  살금살금 들어오다[나가다], 서성대다
  to go somewhere secretly, trying to avoid being seen; to do something or take somebody or something somewhere secretly, often without permission

- **indistinct**
  뚜렷하지 않은, 희미한

- **chatter**
  수다, 재잘거림, 수다스럽게 지껄이는 소리
  continuous rapid talk about things that are not important; a series of quick short high sounds that some animals make; a series of short sounds made by things knocking together

You wanna talk or no?
말하고 싶은 거야, 하고 싶지 않은 거야?
Do you want to talk or not?과 같은 표현이다.

Zoom In

You wanna talk or no?

말하고 싶은 거야, 하고 싶지 않은 거야?

17. INT. HALLWAY. DAY
She leads Frank down a hallway.

SHERYL : Down here. We have you with Dwayne.

She knocks and pushes open the door to Dwayne's room.

18. INT. DWAYNE'S BEDROOM. DAY
Dwayne is on the bed, reading "Thus Spoke Zarathustra."
Sheryl enters.

SHERYL : Dwayne? Hi, Uncle Frank's here.

Dwayne sits up slowly.
Frank hesitates and gives Sheryl a look: "You're kidding."

SHERYL : He doesn't mind, Frank. We talked.

19. INT. HALLWAY. DAY
Frank stands outside Dwayne's room looking around.
He makes a half-gesture towards the rest of the house.

SHERYL : I know, I know. But we can't have you sleeping alone. The doctor said ...

He looks blankly at her.

20. INT. DWAYNE'S ROOM. DAY

SHERYL : I'm sorry. I have to insist.

17. 내부. 복도. 낮
그녀는 프랭크를 복도로 안내한다.

셰 릴 : 여기야. 드웨인하고 같이 지내도록 해.

그녀는 드웨인의 방을 노크하고는 문을 밀어 연다.

18. 내부. 드웨인의 침실. 낮
드웨인은 침대에 누워 '차라투스트라는 이렇게 말했다'를 읽고 있다. 셰릴이 들어온다.

셰 릴 : 드웨인? 안녕, 프랭크 삼촌 왔다.

드웨인은 천천히 일어나 앉는다.
프랭크는 주저하며 셰릴을 바라본다. "농담하지 말아요"란 표정이다.

셰 릴 : 괜찮아, 프랭크. 얘기 끝냈으니까.

19. 내부. 복도. 낮
프랭크는 둘러보면서 드웨인의 방 밖에 서 있다.
그는 집의 나머지 부분를 향해서 어중간한 몸짓을 한다.

셰 릴 : 알아, 알아. 기분은 알지만 의사가 혼자 자게 두면 안 된다고 했어…

그는 멍하니 그녀를 바라본다.

20. 내부. 드웨인의 방. 낮

셰 릴 : 미안하지만 어쩔 수 없어.

- **Thus Spoke Zarathustra**
  '차라투스트라는 이렇게 말했다'(독일의 철학자 프리드리히 니체가 1885년부터 저술하기 시작한 서양 철학서)
- **half-gesture**
  어중간한 몸짓, 불충분한 몸짓, 어설픈 제스처
- **blankly**
  멍하니, 우두커니, 표정이 없이
  • blank
  멍한, 얼빠진, 표정이 없는
  showing no feeling, understanding or interest

You're kidding.
농담이겠지.
You're kidding, right?이라고 말하는 것과 같다. No kidding! (농담 마라!)라고 말할 수도 있다.

Zoom In

You're kidding.
농담이겠지.

Dwayne gets up and exits the room, pushing past them and avoiding eye contact.

SHERYL : You'll get along fine. He's really quiet.

Sheryl goes and brushes off a cot.

SHERYL : And here's your cot.

Frank still remains outside.

SHERYL : Please, Frank. Please.

Very unhappily, Frank enters the room and just stands there.

SHERYL : Thank you. I've gotta start dinner. You come out when you're settled. And uh ... just leave the door open. That's important.

Frank sits on the cot. Sheryl gives him a kiss on the forehead and then departs.
Frank remains silent in his nephew's bedroom.
This is pretty much the worst moment of his life.

21. INT. DINING ROOM. DAY
Dwayne is at the dinner table, reading. Sheryl walks by.

SHERYL : Dwayne, honey. There's a bucket of chicken in the car. Can you get it? And I'll make a salad.

Sheryl opens the door to the downstairs rec room and shouts.

드웨인이 일어나 그들 곁을 휙 지나치며 눈 마주치기를 피하면서 방을 나간다.

셰 릴 : 지내긴 괜찮을 거야. 워낙 조용한 애니까.

셰릴은 가서 간이 침대를 턴다.

셰 릴 : 이게 네 침대야.

프랭크는 여전히 밖에 있다.

셰 릴 : 부탁이야, 프랭크. 제발.

매우 언짢은 표정으로 프랭크가 방에 들어와 그냥 거기 서 있다.

셰 릴 : 고마워. 저녁 해야 해. 정리되면 나와. 그리고… 문은 꼭 열어두도록 하고. 그게 중요하다고.

프랭크는 침대 위에 앉는다. 셰릴은 그의 이마에 키스를 하고는 나간다.
프랭크는 조카의 침실에서 말없이 남아 있다.
지금이 자신의 일생에서 가장 최악의 순간이다.

21. 내부. 식당. 낮
드웨인이 책을 읽으면서 식탁에 앉아 있다. 셰릴이 걸어온다.

셰 릴 : 드웨인, 차 안에 닭고기 한 통이 있는데 좀 갖다 주겠니? 샐러드 만들 테니까.

셰릴은 아래층 오락실로 통하는 문을 열고는 소리친다.

- **brush off**
  …을 솔질하여 없애다
  to be removed by brushing
- **cot**
  간이 침대, 접침대, 야영용 침대
  a light portable bed, especially one of canvas on a folding frame
- **depart**
  떠나다, 출발하다
  to leave a place, especially to start a trip
- **rec**
  오락, 기분 전환, 레크리에이션(recreation의 준말)

You'll get along fine.
잘 지내게 될 거야.
get along은 '의좋게 살다, 살아가다, 꾸려 나가다'의 의미이다.

Zoom In

You'll get along fine.

잘 지내게 될 거야.

SHERYL : Olive?!

OLIVE : (O.S.) Yeah?!

SHERYL : Is Grandpa with you?!

OLIVE : (O.S.) Yeah!

SHERYL : What are you guys doing?

OLIVE : (O.S.) Rehearsing!

SHERYL : Okay! Well, dinner in ten minutes!

OLIVE : (O.S.) Okay!

Sheryl closes the door.

22. INT. KITCHEN. DAY
Sheryl enters.
Camera moves to find Richard entering from the hallway.
He carries two boxes with his arms.

RICHARD : Hi.

SHERYL : Hi. Frank's here.

RICHARD : Oh, God. Did Stan Grossman call?

SHERYL : Well, check the machine.

She opens the refrigerator and begins pulling out stuff to make a salad.
He puts down the boxes on the table, walks over and hits the answering machine.

MACHINE : (V.O.) Hello.

SHERYL : Dwayne, please! Come on. The chicken. It's in the car. And will you set the table? We'll just do paper plates tonight.

셰 릴 : 올리브?!
올리브 : (무대 밖) 네?!
셰 릴 : 할아버지랑 있니?!
올리브 : (무대 밖) 네!
셰 릴 : 뭐 하는데?
올리브 : (무대 밖) 리허설이오!
셰 릴 : 알았어! 10 분 후에 저녁 식사다!
올리브 : (무대 밖) 알았어요!

셰릴은 문을 닫는다.

22. 내부. 부엌. 낮
셰릴이 들어온다.
카메라는 움직여 리처드가 복도에서 들어오는 것을 잡는다.
그는 팔로 상자 두 개를 나르고 있다.

리처드 : 안녕.
셰 릴 : 여보. 프랭크 왔어.
리처드 : 아, 그랬어. 스탠 그로스먼이 전화 안 했어?
셰 릴 : 응답기 확인해 봐.

그녀는 냉장고를 열고 샐러드를 만들기 위해 음식물을 꺼내기 시작한다.
그는 테이블 위에 상자를 놓고는 걸어가 전화 자동 응답기를 누른다.

자동 응답기 : (목소리) 안녕하세요.
셰 릴 : 드웨인, 제발! 어서. 차에서 닭고기 좀 갖고 오라니까. 그리고 식탁도 좀 차려주겠니? 오늘 밤엔 일회용 접시만 내 놓으면 돼.

■ **rehearse**
연습하다, 시연하다, …의 예행 연습을 하다
to practise or make people practise a play, piece of music, etc. in preparation for a public performance; to prepare in your mind or practise privately what you are going to do or say to somebody

■ **machine**
전화의 자동 응답기(answering machine)
a machine which you connect to your telephone to answer your calls and record any message left by the person calling

Will you set the table?
밥상 좀 차려 주겠니?
set[lay, spread] the table은 '밥상[식탁]을 차리다'의 관용어이다.

Zoom In

Will you set the table?

밥상 좀 차려 주겠니?

She pulls off her business-wear jacket and exits in the other direction.
Dwayne snaps the paperback closed and departs.
The phone message continues.

CINDY : (O.S.) ... Remember when Olive was here last month. She was runner-up in the regional Little Miss Sunshine? Just call right now ...

Richard stops the message and calls to Sheryl.

RICHARD : Hey, it's your sister! (beat, then to himself) Fuck!

He picks up the phone and dials.
Dwayne comes in and puts the chicken bag on the table.
Richard takes a breath and assumes an office-voice.

RICHARD : (into phone) Hi. Richard Hoover for Stan Grossman, please.

Over the following, Dwayne comes in and out, picking up stuff to set the table.

RICHARD : (into phone) Any way to reach him, or ...? Well, I'm just wondering if this darn book deal is done or not. If ...

He motions to Dwayne not to make a noise.

RICHARD : Yes. Okay. Could you please have him just call me any time over the weekend? He has my cell number. Just let me know we're on. Okay? Thank you. Bye.

그녀는 자신의 직장 재킷을 벗으며 다른 방향으로 나간다.
드웨인은 책을 탁 닫고는 나간다.
전화 메시지가 계속된다.

신 디 : (무대 밖) **…올리브가 지난달 여기에 왔던 것 기억할 거야. 리틀 미스 선샤인 지역 대회에서 차점자였잖아? 지금 바로 전화해…**

리처드가 메시지를 중지시키고는 셰릴에게 소리친다.

리처드 : **이봐, 처제가 메시지 남겼어!** (잠시, 그리곤 혼잣말로) **젠장!**

그는 전화기를 들어 다이얼을 돌린다.
드웨인이 들어와 식탁 위에 닭고기 백을 놓는다.
리처드는 심호흡을 하고는 사무적인 목소리를 띤다.

리처드 : (전화에다) **안녕하세요. 리처드 후버인데요, 스탠 그로스먼 부탁합니다.**

그 동안에 드웨인은 들어왔다 나갔다 하면서 상을 차리느라고 물건들을 들고 다닌다.

리처드 : (전화에다) **연락할 방법 없나요? 저, 난 그냥 책 출판 계약이 됐는지 알고 싶을 뿐입니다. 만일…**

그는 드웨인에게 조용히 하라고 손짓한다.

리처드 : **네. 좋아요. 주말 아무 때나 전화해 달라고만 전해 주실래요? 제 휴대전화 번호 갖고 있으니까 일이 진행되고 있는지만 알려 주세요. 고마워요. 그럼.**

- **snap**
  쾅 닫다, 탁 치다, 왈칵 열다
  to move, or to move something, into a particular position quickly, especially with a sudden sharp noise: to break something suddenly with a sharp noise
- **paperback**
  종이 표지의 염가책
  a book that has a thick paper cover
- **runner-up**
  (경기, 경쟁의) 차점자, 입상자, 입선자
- **assume**
  (사람이) 〈어떤 태도를〉 취하다, …인 체하다, 꾸미다
  to begin to have a particular quality or appearance

Just let me know we're on.
일이 진행되고 있는지 알려 주세요.
on은 '(일이) 시작되고 있는, 작동하고 있는, 준비되고 있는, 출연하는' 등의 뜻이다.

Zoom In

Just let me know we're on.
일이 진행되고 있는지 알려 주세요.

He hangs up. He looks upset.
Sheryl re-enters, wearing a t-shirt and pants, and returns to making her salad.

SHERYL : So what happened with Stan Grossman?

RICHARD : He's in Scottsdale.

SHERYL : Why didn't he call?

RICHARD : Will you let me worry about this, please?

Sheryl ignores him and goes back to her salad.

SHERYL : Dwayne, can you check on Frank? Tell him it's dinner time.

Richard washes his hands.
Dwayne heads off. Sheryl walks back to the door to the downstairs rec room and opens it again.

SHERYL : Olive! Dinnertime!

OLIVE : (O.S.) Coming!

23. INT. HALLWAY. DAY
Dwayne knocks at the door of his room.

24. INT. DWAYNE'S BEDROOM. DAY
Frank sits on the cot, staring at the floor.
Dwayne appears in the door and mimes eating.

FRANK : What? Dinner?

Frank nods.

그는 전화를 끊는다. 불편한 기색이다.
셰릴이 티셔츠에 반바지를 입고 다시 들어와 샐러드 만들기를 계속한다.

셰 릴 : 그래 스탠 그로스먼은 뭐래?
리처드 : 스카츠데일에 있대.
셰 릴 : 연락 왜 안 했대?
리처드 : 내가 알아서 하게 좀 내버려 두지 않을래?

셰릴은 그를 무시하고 샐러드를 만든다.

셰 릴 : 드웨인, 프랭크 삼촌한테 좀 가 봐 주겠니? 저녁 식사 하시라고 해.

리처드는 손을 씻는다.
드웨인은 자리를 뜬다. 셰릴은 아래층 오락실로 통하는 문으로 가서 다시 문을 연다.

셰 릴 : 올리브! 저녁 식사 시간이야!
올리브 : (무대 밖) 갈게요!

23. 내부. 복도. 낮
드웨인은 자신의 방 문을 노크한다.

24. 내부. 드웨인의 침실. 낮
프랭크는 침대에 앉아 바닥을 쳐다보고 있다.
드웨인이 문에 나타나 식사하라고 몸짓으로 나타낸다.

프랭크 : 뭐야? 저녁?

프랭크는 고개를 끄덕인다.

- **ignore**
…을 무시하다, 모르는 체하다, 묵살하다
to pay no attention to something; to pretend that you have not seen somebody or that somebody is not there

- **head off**
나아가다, 피하여 진로를 돌리다

- **mime**
무언극을 하다, 광대짓을 하다, 무언의 몸짓으로 나타내다
to act, tell a story, etc. by moving your body and face but without speaking; to pretend to sing a song that is actually being sung by somebody else on a record, tape, etc.

Can you check on Frank?
프랭크 삼촌한테 좀 가 봐 주겠니?
check on은 '(확인을 위해) 조사하다, 확인하다'의 의미이다.

Zoom In

Can you check on Frank?
프랭크 삼촌한테 좀 가 봐 주겠니?

FRANK : What? You don't talk anymore?

Dwayne shakes his head.

FRANK : Why not?

Dwayne rolls his eyes and half-shrugs.

FRANK : You can talk. You just choose not to?

Frank nods. Dwayne points to the bed-sheet painting of Nietzsche hanging on the wall.

FRANK : Is that Nietzsche? You don't speak because of Friedrich Nietzsche?

프랭크 : 뭐야? 이젠 말 안 하는 거니?

드웨인은 고개를 가로젓는다.

프랭크 : 왜?

드웨인은 눈을 굴리며 반 정도 어깨를 으쓱해 보인다.

프랭크 : 말은 할 수 있는데 안 하기로 한 거야?

프랭크는 고개를 끄덕인다. 드웨인은 벽에 걸려 있는 침대 시트 위에 그려진 니체 그림을 가리킨다.

프랭크 : 저거 니체니? 프리드리히 니체 때문에 말을 안 한다?

- **half-shrug**
  반 정도 어깨를 으쓱하다 (냉소, 불쾌, 의혹, 절망, 놀라움 등의 몸짓)

MOVIE TALK

영어의 특징

이 작품은 천진난만한 7살짜리 딸아이를 중심으로 벌어지는 가족 코미디로, 비록 가족의 구성원들은 어딘가 모자란 듯하고 떠들썩하지만 전체적으로 영화는 잔잔하고 따스하다. 따라서 작품 속에 사용된 영어 소재도 일상적인 내용이어서 그다지 어렵지 않은 편이다. 그러므로 표현이나 어휘는 크게 문제될 것이 없다. 다만 정신적으로 기능 장애의 인물들이라 신경이 날카로워 특히 리처드와 셰릴 부부의 대사 속도가 다소 빠른 편에 속한다. 시간에 쫓기고 모두가 떳떳하지 못한 입장 때문인지 감정 폭발이 심해 언쟁이 잦고 신경질을 부리며 소리를 지르는 경우도 많아 인물들의 대사가 겹쳐 들릴 때가 많다. 하지만 대부분의 액션이 폭스바겐 버스라는 좁은 공간에서 벌어지고 있어 등장인물들이 적은 편이고 대사의 양도 많지 않다. 또 한 인물이 장황하게 대사를 늘어놓는 경우가 없어 전반적으로 영어 학습에는 무리가 없을 것 같다. 물론 할아버지가 내뱉는 대사 속의 속어나 비어가 귀에 거슬리지만 전체적으로 특수한 장르의 전문 어휘나 표현들을 찾아보기 힘들다. 니체나 프루스트의 언급도 피상적이다. 후반부에 가서야 입을 여는 아들 드웨인은 말이 없는 편이고, 전미 최고의 프루스트 학자임을 자처하는 삼촌 프랭크의 대사도 잔잔하고 평이하다. 비록 주제는 어둡지만 간선 도로를 달리는 후버 가족의 버스를 따라 눈과 귀를 쫓으면서 가족의 의미를 되씹다 보면 바람직한 영어 학습의 효과를 얻을 수 있는 좋은 작품이다.

LITTLE MISS SUNSHINE

영어 난이도 (The Degree of Difficulty)		★★
속도 (Speed) ★☆	표현 (Expression) ★★	어휘 (Vocabulary) ★★

Chapter 2

다 꼴 보기 싫어요

I Hate Everyone

시간 00:08:59 ~ 00:17:45

25. INT. HALLWAY. DAY
Dwayne turns and leaves.

26. INT. DWAYNE'S BEDROOM. DAY
Frank considers this.

FRANK : Far out.

27. INT. DINING ROOM. DAY
Dwayne sits in his chair, folds his arms, and—scowling—waits for everyone else to arrive. Frank tentatively follows. Sheryl comes out and puts her salad on the table.

SHERYL : (with a deep sigh) Frank, you can sit here, next to Dwayne. Here's the salad. And I'm gonna run and get Sprite for everyone.

She walks off to the rec room door again.

25. 내부. 복도. 낮
드웨인은 돌아서서 자리를 뜬다.

26. 내부. 드웨인의 침실. 낮
프랭크는 이를 곰곰이 생각한다.

프랭크 : 대단해.

27. 내부. 식당. 낮
드웨인은 의자에 앉아서 팔짱을 끼고는 못마땅한 얼굴을 한 채 모두가 오기를 기다린다. 프랭크는 망설이며 뒤를 따른다. 셰릴이 나타나 자신이 만든 샐러드를 식탁 위에 놓는다.

셰 릴 : (한숨을 크게 쉬며) 프랭크, 드웨인 옆에 여기 앉아. 여기 샐러드 있다. 그리고 난 가서 스프라이트 갖고 올게.

그녀는 다시 오락실 문으로 걸어간다.

- **far out**
〈속어〉 매우 기이한, 기발한, 색다른
very strange, incredible

- **scowl**
얼굴을 찌푸리다, 못마땅한 얼굴을 하다, 노려보다
to look at somebody or something in an angry or annoyed way

- **tentatively**
자신 없어, 주저하며, 모호하게, 망설이며
  • tentative
  임시의, 주저하는, 망설이는 듯한, 모호한

- **Sprite**
스프라이트(미국 Coca-Cola사제의 청량음료)

SHERYL : (V.O.) Olive! Come on! Dinnertime!

OLIVE : (O.S.) Okay.

Sheryl disappears, leaving Dwayne and Frank alone.
Frank sits beside Dwayne. Dwayne scowls at the table.
A silence.
Dwayne doesn't move. Frank looks at this place setting, not knowing what to do. He seems to have met someone who is at least as unhappy as he is. This intrigues him. He ventures.

FRANK : So, who do you hang out with?

Dwayne looks at Frank, then shakes his head.

FRANK : No one?

Dwayne reaches in his pocket and pulls out a palm-sized pad of paper. He flips it open and scribbles a note.
He shows it to Frank. It reads:
"I Hate Everyone."

FRANK : What about your family?

Dwayne underlines the word "Everyone." He shows it to Frank. It now reads:
"I Hate Everyone."
Frank looks at him.
Richard comes out.

RICHARD : Frank! Hey.

FRANK : Richard ...

RICHARD : Good to ... see you.

셰 릴 : (목소리) 올리브! 어서! 저녁 먹으라니까!
올리브 : (무대 밖) 알았어요.

셰릴은 드웨인과 프랭크를 홀로 두고 사라진다.
프랭크는 드웨인 옆에 앉는다. 드웨인은 식탁에 앉아 얼굴을 찌푸린다.
침묵.
드웨인은 움직이지 않는다. 프랭크는 어찌할 줄을 몰라 앞에 차려진 상만을 바라본다. 마치 그는 자신만큼이나 불행하게 느끼는 사람을 만난 것 같다. 이것이 그의 호기심을 돋운다. 그는 용기를 낸다.

프랭크 : 그래, 누구 사귀는 사람 있니?

드웨인은 프랭크를 보고는 고개를 가로젓는다.

프랭크 : 아무도?

드웨인은 주머니에 손을 넣어 손바닥 크기의 종이철을 꺼낸다. 그는 그것을 확 넘겨 열어서는 짧은 글귀를 갈겨 쓴다.
그는 그것을 프랭크에게 보여준다. 그것은 다음과 같이 적혀 있다.
"다 꼴 보기 싫어요."

프랭크 : 가족들은 어때?

드웨인은 '모두 다'라는 말에 밑줄을 긋는다. 그는 그것을 프랭크에게 보여준다. 그것은 다음과 같이 적혀 있다.
"모두 다 싫다고요."
프랭크는 그를 바라본다.
리처드가 나온다.

리처드 : 프랭크! 안녕.
프랭크 : 리처드…
리처드 : 만나서… 반갑네.

- **intrigue**
  …의 호기심[흥미]을 돋우다
  to make somebody very interested and want to know more about something

- **venture**
  과감히 나아가다, 위험을 무릅쓰고 해보다
  to say or do something in a careful way, especially because it might upset or offend somebody

- **flip**
  책장을 확 넘기다
  to turn over into a different position with a sudden quick movement

- **scribble**
  …을 갈겨 쓰다, 낙서하다, 날려 쓰다
  to write something quickly and carelessly, especially because you do not have much

Who do you hang out with?
누구 사귀는 사람 있니?
hang out with는 구어로 '…와 사귀다'의 뜻. 구어체에서는 whom 대신 who를 잘 쓴다.

Zoom In

Who do you hang out with?

누구 사귀는 사람 있니?

They shake. Richard sits down. He looks around awkwardly.
Silence.
Richard stands up.

RICHARD : I'm gonna get Olive.

He walks to the downstairs doorway and shouts.

RICHARD : Olive? Dad? Go!

Sheryl enters with a big bottle of Diet Sprite.

SHERYL : You guys, go on and start.

OLIVE : (O.S.) (shrieking) We're coming!

SHERYL : Frank, some Sprite?

FRANK : (quietly) Yes.

SHERYL : And I want everyone to have at least a little salad.

Frank picks up a Big Gulp cup and examines it dispassionately. He puts it down.

FRANK : Thanks, Sheryl.

Richard returns to the table and sits.

SHERYL : Honey?

She gives a cup to him.
She pours Frank a cup.

그들은 악수한다. 리처드가 앉는다. 그는 어색한 표정이다.
침묵.
리처드가 일어선다.

리처드 : 가서 올리브 데려올게.

그는 아래층 문간으로 걸어가 소리친다.

리처드 : 올리브? 아버지? 어서요!

셰릴이 커다란 다이어트 스프라이트 음료병을 들고 들어온다.

셰 릴 : 먼저들 먹어.
올리브 : (무대 밖) (소리를 지르며) 우리 가요!
셰 릴 : 프랭크, 스프라이트 줄까?
프랭크 : (조용히) 그래요.
셰 릴 : 다들 샐러드를 조금이라도 먹도록 해.

프랭크는 큰 컵을 들어 감정 없는 얼굴로 살핀다. 그는 그것을 내려놓는다.

프랭크 : 고마워, 셰릴.

리처드가 식탁으로 돌아와 앉는다.

셰 릴 : 자기?

그녀는 그에게 컵을 준다.
그녀는 프랭크에게 한 컵 따른다.

■**shriek**
비명을 지르다, 새된 소리를 지르다
to give a loud high shout, for example when you are excited, frightened or in pain

We're coming!
우리 가요!
come은 '(말하는 사람, 상대방이 있는 곳으로) 가다'의 뜻으로, We're going!이라고는 말하지 않는다.

Zoom In

We're coming!

우리 가요!

FRANK : So, Sheryl ... I couldn't help noticing that Dwayne has stopped speaking.

SHERYL : Oh! Yeah, he's taken a vow of silence.

The meal begins.
Sheryl sits down, and starts opening containers of cole slaw and mashed potatoes.

FRANK : You've taken a vow of silence?!

Dwayne nods slightly.

SHERYL : He's gonna join the Air Force Academy and become a test pilot. And he's taken a vow of silence until he reaches that goal.

FRANK : (to Dwayne) You're kidding ...!

Olive enters the dining room.

OLIVE : Hi, Uncle Frank!

Olive, unprompted, walks over and gives him a kiss on the cheek.

FRANK : Oh, hey, Olive. Wow. You're gettin' big! Almost like a real person.

Richard chuckles.
Olive sees the bandages on Frank's wrists.

프랭크 : 그래, 셰릴… 드웨인이 말을 하지 않고 있는 게 눈에 띄는데.

셰 릴 : 아! 그래, 침묵의 맹세를 했거든.

식사가 시작된다.
셰릴은 앉아서 다진 양배추 샐러드와 으깬 감자가 담긴 그릇을 열기 시작한다.

프랭크 : 침묵의 맹세를 했다고?!

드웨인이 약간 고개를 끄덕인다.

셰 릴 : 공군 사관학교에 들어가서 시험 조종사가 될 생각인데. 그 목표를 달성할 때까지 침묵을 지키기로 한 거야.

프랭크 : (드웨인에게) 말도 안 돼…!

올리브가 식당으로 들어온다.

올리브 : 안녕, 프랭크 삼촌!

올리브는 자발적으로 걸어가 삼촌의 볼에 키스를 한다.

프랭크 : 오, 안녕, 올리브. 와. 많이 컸구나! 진짜 사람이 다 됐어.

리처드는 만족하여 웃는다.
올리브는 프랭크의 양쪽 손목에 있는 붕대를 본다.

- **vow**
  맹세, 서약, 개인적 공약
  a formal and serious promise, especially a religious one, to do something
- **cole slaw**
  다진 양배추 샐러드
- **unprompted**
  자발적으로, 남에게 지시받은 것이 아닌
  said or done without somebody asking you to say or do it

I couldn't help noticing that Dwayne has stopped speaking.
드웨인이 말을 하지 않는 걸 주목하지 않을 수 없군.
'can't help + -ing'는 '…하지 않을 수 없다, …하는 것을 피할 수 없다'의 관용구다.

Zoom In

I couldn't help noticing that Dwayne has stopped speaking.

드웨인이 말을 하지 않는 걸 주목하지 않을 수 없군.

OLIVE : What happened to your arms?

SHERYL : (serving food) Olive ...

FRANK : That's all right. I had a little accident. I'm okay now.

RICHARD : (to Olive) How's your routine coming, honey?

OLIVE : It's good.

RICHARD : Yeah? Why don't you show it to us?

Grandpa walks to the table.

OLIVE : I don't know. It's up to Grandpa.

GRANDPA : A couple of days. It still needs work.

He sees his family eat the chicken for dinner.

GRANDPA : (shouting) What's that?! Chicken?! Every night it's the fucking chicken!

Frank looks fiercely at him. Richard tries to cut him off.

RICHARD : Dad.

GRANDPA : Holy God almighty! Is it possible just once ...

RICHARD : Dad.

GRANDPA : ... we could get something to eat for dinner around here that's not the goddamn fucking chicken?!

RICHARD : (shouting) Hey, Dad!

올리브 : 어머, 팔이 왜 그래요?
셰 릴 : (음식을 내놓으며) 올리브…
프랭크 : 괜찮아. 약간 사고가 있었어. 이젠 괜찮단다.
리처드 : (올리브에게) 애야, 연습은 어떻게 돼 가니?
올리브 : 좋아요.
리처드 : 그래? 우리한테도 보여줄래?

할아버지가 식탁으로 걸어온다.

올리브 : 모르겠어요. 할아버지만 좋다고 하시면요.
할아버지 : 며칠 더 있어야 완성돼.

그는 가족들이 저녁 식사로 닭고기를 먹는 것을 본다.

할아버지 : (소리를 지르며) 저게 뭐야?! 닭고기야?! 매일 저녁 망할 닭 쪼가리잖아!

프랭크가 그를 노려본다. 리처드는 할아버지 말을 막으려고 애를 쓴다.

리처드 : 아버지.
할아버지 : 이런 염병할! 도대체 한 번 이라도 좀…
리처드 : 아버지.
할아버지 : …하루라도 빌어먹을 닭 쪼가리 말고 다른 거 먹으면 안 되는 거야?!
리처드 : (소리치며) 이봐요, 아버지!

■ **routine**
판에 박힌 일, 일과, 일상의 과정
the normal order and way in which you regularly do things; a situation in which life is boring because things are always done in the same way

■ **fiercely**
사납게, 맹렬하게, 지독하게
- fierce
  (열, 감정 등이) 격렬한, 사나운
  〈구어〉 불쾌한
  (especially of people or animals) angry and aggressive in a way that is frightening

It's up to Grandpa.
그건 할아버지한테 달렸어요.
up to는 구어로 '…해야 할, …의 의무인, …에게 달려 있는'의 뜻이다.

Zoom In

It's up to Grandpa.
그건 할아버지한테 달렸어요.

Over the following, Frank looks at Grandpa with an anxious look.
Richard tries to cut him off.

GRANDPA : I'm just saying ...!

RICHARD : Dad!

GRANDPA : Christ.

Grandpa sits down at the table grumbling.

RICHARD : Whenever you want to start cooking your own food, you're more than welcome ...

Sheryl ignores Grandpa.

GRANDPA : At Sunset Manor, y'know ...

RICHARD : If you liked Sunset Manor so much, you shouldn't have gotten yourself kicked out of there, right?

He looks at Frank.
Grandpa takes the bucket of chicken and mutters dismissively.

GRANDPA : Well, I got six ...

Dwayne takes out a piece of chicken and starts eating.
A tense silence.
Frank tries to get things going again.

FRANK : So, when did you start with the vow?

그동안 프랭크는 근심 어린 표정으로 할아버지를 바라본다.
리처드는 그의 말을 중단시키려고 애를 쓴다.

할아버지 : 난 그냥…!
리처드 : 아버지!
할아버지 : 제기랄.

할아버지는 툴툴거리며 식탁에 앉는다.

리처드 : 아버지가 손수 자기 먹을 걸 해 드실 거면 언제든 환영받고도 남음이 있겠죠.

셰릴은 할아버지를 모른 체한다.

할아버지 : 선셋 요양소에서는…
리처드 : 선셋 요양소가 그렇게 좋으셨으면 거기서 쫓겨나질 말았어야죠.

그는 프랭크를 본다.
할아버지는 닭고기 통을 받아 거부하는 듯이 중얼거린다.

할아버지 : 난 여섯 조각을…

드웨인은 닭고기 한 조각을 꺼내 먹기 시작한다.
딱딱한 침묵.
프랭크는 만사가 다시 제대로 돌아가게 하려고 애를 쓴다.

프랭크 : 그래, 침묵의 맹세는 언제 시작한 건데?

- **grumble**
  투덜거리다, 불평하다
  to complain about somebody or something in a bad-tempered way; to make a deep continuous sound
- **manor**
  장원, 영지, 저택
  a large country house surrounded by land that belongs to it
- **kicked out of**
  〈구어〉 …을 …에서 내쫓다, 추방[해고]하다
  to force someone to leave a place
- **dismissively**
  부정적으로, 거부하는 듯이, 경멸적으로
- **tense**
  팽팽한, 긴박한, 조마조마하게 하는
  (of a situation, an event, a period of time, etc.) in which people have strong feelings such as worry, anger, etc. that often cannot be expressed openly

You're more than welcome.
환영받고도 남음이 있겠죠.
more than은 '…이상으로, …하고도 남음이 있는, …뿐만 아니고'의 뜻이다.

Zoom In

You're more than welcome.

환영받고도 남음이 있겠죠.

Dwayne shrugs. He doesn't care to comment.

RICHARD : It's been nine months, Frank. He hasn't said a word. Not one. I think it shows tremendous discipline.

SHERYL : Richard.

RICHARD : I really do. Really I think we could learn something from Dwayne. Dwayne has a goal. He has a dream. It may not be my dream, it may not be yours, but he's pursuing it with great conviction and focus. In fact, I was thinking about the Nine Steps ...

GRANDPA : Oh, for crying out loud!

RICHARD : (evenly) ... about the Nine Steps, and how Dwayne's utilizing at least seven of them in his personal quest and self-fulfillment.

SHERYL : Richard. Please.

RICHARD : Well, I'm just saying! Come around. I think he could use our support.

He wipes his mouth with napkin and throws it on the table.
Frank looks at Dwayne. Dwayne turns his head aside.
Olive addresses Frank.

OLIVE : How did it happen?

FRANK : How did what happen?

OLIVE : Your accident ...

SHERYL : Honey, here.

드웨인은 어깨를 으쓱해 보인다. 그는 말하고 싶지 않다.

리처드 : 9개월 됐어, 프랭크. 그 후론 한 마디도 안 했지. 한 마디도. 엄청난 자제심의 증거야.
셰 릴 : 리처드.
리처드 : 정말이야. 우리 모두 드웨인에게서 배워야 해. 드웨인에겐 목표가 있잖아. 꿈이 있다고. 그게 내 꿈이나 당신의 꿈은 아닐지 모르지만 저 앤 목표를 달성하기 위해 신념을 갖고 실천하잖아. 사실은, 9단계 성공의 법칙을 생각하고 있었는데…
할아버지 : 제발 부탁이야!
리처드 : (한결같이) …9단계 중 드웨인은 그 자신의 탐구와 자기실현을 위해 적어도 7단계는 실천하고 있어.
셰 릴 : 리처드. 그만 해.
리처드 : 말하자면 그렇다고! 생각을 바꿔. 우리의 지지가 해가 될 건 없잖아.

그는 냅킨으로 입을 닦고는 테이블 위에 그것을 던진다.
프랭크는 드웨인을 바라본다. 드웨인은 고개를 옆으로 돌린다.
올리브가 프랭크에게 말을 건다.

올리브 : 어쩌다 그랬는데요?
프랭크 : 뭐가 어쨌다는 건데?
올리브 : 사고 말이에요…
셰 릴 : 애야, 어서 먹으렴.

- **discipline**
  단련, 수양, 자제심
  a method of training your mind or body or of controlling your behavior; the ability to control your behavior or the way you live, work, etc.
- **evenly**
  침착하게, 고르게, 평탄하게, 한결같이
  calmly; without showing any emotion
- **utilize**
  이용하다, 소용되게 하다
  to use something, especially for a practical purpose
- **self-fulfillment**
  자기실현, 자기 달성
  the feeling of being happy and satisfied that you have everything you want or need

Oh, for crying out loud!
제발 부탁이야!
for crying out loud는 요구, 명령, 질문 따위를 강조할 때 사용하는 표현으로 '제발 (부탁하는데), 부디'의 뜻이다.

Zoom In

Oh, for crying out loud!

제발 부탁이야!

Handing a piece of chicken to Olive, Sheryl shakes her head: "Don't go there."

FRANK : Oh, no. That's okay. (looking at Sheryl) Unless you object ...

SHERYL : Um, no. I'm pro-honesty here. I just think, you know ... It's up to you.

FRANK : Be my guest ...

SHERYL : Olive, um ... (clearing her throat) Uncle Frank didn't really have an accident.

Rolling his eyes, Richard stares at Sheryl.

SHERYL : What happened was ... he tried to kill himself.

OLIVE : You did? Why?

Richard cuts in.

RICHARD : Uh, I ... I'm sorry. I don't think this is an appropriate conversation. (to Olive) Honey, let's let Uncle Frank finish his dinner, okay?

A beat. Olive has stopped eating.

OLIVE : Why did you wanna kill yourself?

Silence.

셰릴은 닭고기 한 조각을 올리브에게 건네면서 고개를 가로젓는다. "그런 질문 하지 마."

프랭크 : 아니, 괜찮아. (셰릴을 보며) 누나만 괜찮다면…

셰 릴 : 아니. 난 솔직하자는 주의니까. 난 그저… 말하고 않고는 네 맘이야.

프랭크 : 대신 말해도 되고…

셰 릴 : 올리브. (헛기침을 하며) 프랭크 삼촌은 사고를 당한 게 아니란다.

리처드가 눈알을 굴리며 셰릴을 응시한다.

셰 릴 : 무슨 일이 있었냐 하면… 목숨을 끊으려고 했었단다.

올리브 : 삼촌이요? 왜요?

리처드가 끼어든다.

리처드 : 저, 미안하지만 이건 적절한 대화가 아닌 것 같아. (올리브에게) 아가야, 프랭크 삼촌이 식사나 하시게 그만 하자꾸나.

잠시. 올리브는 먹기를 중지했다.

올리브 : 왜 죽으려고 한 건데요?

침묵.

- **object**
  반대하다, 이의를 제기하다, 반감을 가지다, 싫어하다
  to say that you disagree with, disapprove of or oppose something; to give something as a reason for opposing something

- **pro-honesty**
  친 정직적인, 정직한 것에 찬성하는

- **cut in**
  끼어 들다, 말참견하다, 간섭하다
  to interrupt somebody when they are speaking

Be my guest.
좋으실 대로 해요.
구어로 상대방의 간단한 청을 받고 '그러시오, 어서 하시오, 좋으실 대로 하세요, 먼저 하시죠, 괜찮습니다' 등의 표현이다.

Zoom In

Be my guest.
좋으실 대로 해요.

RICHARD : No, don't answer the question, Frank.

SHERYL : Richard. Richard!

RICHARD : He's not gonna answer the question, Frank.

Frank stares at Richard and ignores him.

FRANK : I wanted to kill myself because I was very unhappy.

RICHARD : (overlapping) Don't listen, honey, he's sick ... he's a sick man. He's sick in his head.

SHERYL : Richard ... Richard!

RICHARD : I'm sorry! I don't think it's an appropriate conversation for a seven-year-old!

SHERYL : Well, she's gonna find out anyway.

RICHARD : (resigning himself) Okay.

SHERYL : Go on, Frank.

Frank glances at Richard for a while—deadpan victorious.

OLIVE : Why were you unhappy?

Frank continues.

FRANK : Uh, well, there were a lot of reasons. Um ... Mainly, though, I fell in love with someone who didn't love me back ...

OLIVE : (eating) Who?

리처드 : 안 돼, 대답하지 마, 프랭크.
셰 릴 : 리처드. 리처드!
리처드 : 대답하지 않을 거란다, 프랭크 삼촌은.

프랭크는 리처드를 응시하고는 그를 무시한다.

프랭크 : 너무 불행해서 죽으려고 했어.
리처드 : (말을 겹치면서) 아가야, 듣지 마, 삼촌은 이상해… 머리가 이상하다고.
셰 릴 : 리처드… 리처드!
리처드 : 미안해! 7살 아이에겐 적절한 대화가 아니잖아!
셰 릴 : 어차피 그 애도 알게 될 일이야.
리처드 : (체념하면서) 말도 안 돼.
셰 릴 : 계속해, 프랭크.

프랭크는 잠시 리처드를 바라본다—무표정하게 의기양양하다.

올리브 : 왜 불행했는데요?

프랭크는 계속한다.

프랭크 : 어, 이유야 많았지만 가장 큰 원인은 내가 사랑하는 사람한테 사랑받지 못해서였어…
올리브 : (먹으면서) 누군데요?

- **overlap**
  겹치다, 포개다
- **resign**
  체념하다, 감수하다
  to accept something unpleasant that cannot be changed or avoided
- **deadpan**
  덤덤하게, 무표정하게
  • deadpan
  무표정한, 덤덤한
  without any expression or emotion; often pretending to be serious when you are joking

Go on, Frank.
계속해, 프랭크.
go on은 구어체로 '계속하라, 자꾸 하라, (반어로) 어리석은 소리 마라' 등의 뜻이다.

Zoom In

Go on, Frank.
계속해, 프랭크.

FRANK : One of my grad students.

Richard chuckles in blank dismay.

FRANK : I was very much in love with him.

OLIVE : Him? It was a boy? You fell in love with a boy?

FRANK : Yes. I did. Very much so.

This is new to Olive. She thinks it over.

OLIVE : That's silly.

FRANK : You're right. It was silly. Very, very silly.

GRANDPA : There's another word for it ...

RICHARD : Dad ...

OLIVE : So ... That's when you tried to kill yourself?

FRANK : Well, no. The boy that I was in love with fell in love with another man, Larry Sugarman.

SHERYL : Who's Larry Sugarman?

FRANK : Larry Sugarman is perhaps the second most highly regarded Proust scholar in the U.S.

RICHARD : Who's number one?

FRANK : That would be me, Rich.

RICHARD : Really?

FRANK : Umm.

OLIVE : So ... That's when?

프랭크　: 대학원생 중 하나였단다.

리처드는 어안이 벙벙하여 껄껄댄다.

프랭크　: 난 그 친구를 무척 사랑했지.
올리브　: 그라뇨? 남자였어요? 남자랑 사랑에 빠졌었어요?
프랭크　: 그래. 그랬어. 아주 많이.

이런 사실은 올리브에겐 놀랍다. 그녀는 곰곰 생각한다.

올리브　: 그건 바보 같아요.
프랭크　: 맞아. 어리석었어. 정말 바보 같았지.
할아버지　: 좋게 말하면 그렇지…
리처드　: 아버지…
올리브　: 그래서… 그때 죽으려고 했어요?
프랭크　: 아니. 내가 사랑한 애가 다른 사람인 래리 슈거먼을 사랑했거든.
셰 릴　: 래리 슈거먼이 누군데?
프랭크　: 래리 슈거먼은 아마도 미국 내 최고의 프루스트 학자 중 제 2인자일 거야.
리처드　: 제 1인자는 누군데?
프랭크　: 물론 나였지, 매형.
리처드　: 그래?
프랭크　: 응.
올리브　: 그래서… 그때 죽으려 한 거예요?

- **grad**
  대학원의(graduate)
- **in dismay**
  망연자실하여, 두려워하여
- **regard**
  존중하다, 존경하다, 중요시하다, 호의적으로 높이 평가하다
  to think about somebody or something in a particular way

I was very much in love with him.
난 그를 무척 사랑했단다.
be in love with는 '…를 사랑하다, …에게 반해 있다'의 뜻이고, fall in love with는 '…를 사랑하게 되다'의 뜻이다.

Zoom In

I was very much in love with him.

난 그를 무척 사랑했단다.

FRANK : No. What happened was: I was a bit upset. So I said some things I shouldn't have said and I did some things I shouldn't have done. And subsequently, I was fired from my job, and forced to move out of my apartment and into a motel.

Grandpa blows his nose hard into his napkin.
Richard and Frank regard him with contempt.

OLIVE : And ... that's when you tried to ...?

FRANK : Well, no. Actually, all of that was okay. What happened was: two days ago the MacArthur Foundation—in its infinite wisdom—awarded a "genius" grant to Larry Sugarman. (deep breath) And that's when I ...

GRANDPA : (eating corn) Decided to check out early.

FRANK : Yes. Yes, and I failed at that as well.

RICHARD : Olive, the important thing to understand here is that Uncle Frank gave up on himself. He made a series of foolish choices—I'm sorry—and he gave up on himself, which is something that winners never do.

Sheryl intervenes.

SHERYL : So that's the story, okay? Now, everyone, just let's move on and uh ...

Frank looks like he could leap across the table and strangle Richard.
He turns and asks, regarding Richard.

프랭크 : 아니. 어떻게 된 거냐 하면, 난 좀 화가 나서 하지 말았어야 할 말과 행동을 하고 말았지. 그 바람에 직장에서 해고되고 아파트에서 쫓겨나 모텔로 가게 됐단다.

할아버지는 냅킨으로 코를 세게 푼다.
리처드와 프랭크는 그를 멸시의 눈으로 바라본다.

올리브 : 그럼… 그때 시도를…?

프랭크 : 아니, 실은 그것도 다 괜찮았어. 사실은 자살 이틀 전에 맥아더 재단에서—무한한 분별력으로—'천재'상을 래리 슈거먼에게 수여했거든. (깊게 심호흡) 바로 그때 난…

할아버지 : (옥수수를 먹으며) 일찍 세상을 뜨려고 결정한 거지.

프랭크 : 맞아요. 맞아요, 그런데 그것도 실패했지만.

리처드 : 올리브, 여기서 알아야 할 중요한 것은 프랭크 삼촌이 자신을 포기했다는 거야. 그는 어리석은 선택을 많이 했고—미안해—결국 자포자기했다는 거란다. 승자는 절대 그러지 않는 법이지.

셰릴이 끼어 든다.

셰 릴 : 그게 사연이야, 됐냐? 자 모두들, 이제 그만 잊고…

프랭크는 식탁을 뛰어 건너가 리처드의 목을 조를 태세다.
그는 리처드를 무시한 채 몸을 돌려 묻는다.

- **subsequently**
  이어서, 다음에, 그 결과로
  afterwards; later; after something else has happened

- **contempt**
  멸시, 경멸, 모욕
  the feeling that somebody or something is without value and deserves no respect at all

- **check out**
  〈속어〉 죽다

- **intervene**
  간섭하다, 개입하다, 끼어 들다
  to become involved in a situation in order to improve or help it; to interrupt somebody when they are speaking in order to say something

- **strangle**
  목졸라 죽이다, 질식시키다, 교살하다, 목을 조르다
  to kill somebody by squeezing or pressing on their throat and neck

I was a bit upset.
난 좀 화가 났지.
a bit은 구어로 '조금, 다소, 약간, 잠시'의 뜻이고, upset은 '못마땅한, 당황한, 화가 난'의 뜻이다.

Zoom In

I was a bit upset.

난 좀 화가 났지.

FRANK : (to Dwayne) Is he always like this?

Dwayne nods.

FRANK : How can you stand it?

RICHARD : Olive. Tell him about your routine, why you're doing this.

OLIVE : Okay. Little Miss Chili Pepper is a beauty contest for everyone in Albuquerque. But you have to be six or seven and you have to be a girl.

SHERYL : This is our sister.

FRANK : Cindy.

SHERYL : Spring break, Dwayne went to see his dad in Florida for two weeks and Olive went to Laguna to see her cousins. She made it to the top of the Regionals out there.

OLIVE : I was in second place.

FRANK : Well, what do you think your chances are?

OLIVE : I think I can win, because some of the other girls, they've been doing it longer, but I practice every day.

FRANK : Well, good luck.

RICHARD : It's not about luck, Frank. Luck is the name losers give to their own failings. It's about wanting to win. Willing yourself to win. You've gotta want it badder than anybody else.

OLIVE : I do!

프랭크 : (드웨인에게) 아빠 늘 이런 식이니?

드웨인이 고개를 끄덕인다.

프랭크 : 어떻게 참고 사냐?
리처드 : 올리브, 네가 준비하는 일을 왜 하는지 삼촌한테 말해 주렴.
올리브 : 좋아요. 앨버커키에 리틀 미스 칠리 페퍼라는 미인 선발 대회가 있어요. 참가 자격은 6살 혹은 7살 소녀여야 하고요.
셰 릴 : 동생 덕분이었어.
프랭크 : 신디 말이군.
셰 릴 : 봄 방학 때였는데, 드웨인은 아버지 만나러 2주 동안 플로리다에 갔고 올리브는 라구나에 사촌을 보러 갔다가 거기서 지역 대회에 뽑혔어.
올리브 : 2등 했어요.
프랭크 : 우승할 가능성은 있니?
올리브 : 가능할 거라고 생각해요. 다른 여자애들은 나보다 경험이 많지만 난 매일 연습하거든요.
프랭크 : 행운을 빈다.
리처드 : 그건 운하고는 상관 없어, 프랭크. 운이란 패배자들이 자신들의 실패에 붙이는 이름이니까. 그것은 승리하기를 원하는가에 관련 있어. 승리의 의지는 누구보다 더 간절히 원해야 생기는 거야.
올리브 : 난 원해요!

- **regionals**
  지역 대회
- **chances**
  승산, 가망성, 형세, 가능성
  a possibility of something happening, especially something that you want
- **badder**
  bad의 비교급은 worse지만 badder는 속어로 쓰여 very good, great의 뜻이다.

I was in second place.
2등 했어요.
I was the second.
I was number 2.
I ranked second.
I won second place. 등으로 말할 수도 있다.

Zoom In

I was in second place.

2등 했어요.

RICHARD : (banging his fist on the table) Then you're gonna be a winner!

Olive smiles brightly.

SHERYL : Richard ...

RICHARD : (smiling) It's the truth.

He sticks out his tongue smiling.
Frank and Dwayne look at each other. Disdainful look.
A beat.

RICHARD : Y'know, actually there's a message from Cindy on the machine. Something about Little Mrs Sunshine ... Sunshine ...

OLIVE : What? Little Miss Sunshine?

RICHARD : Yeah.

OLIVE : What?!

She runs off. Sheryl follows Olive into the kitchen.
Frank and Dwayne look at each other again.

28. INT. KITCHEN. DAY
Sheryl and Olive approach the answering machine.
Beeep.

29. INT. DINING ROOM. DAY
Richard, Frank, Dwayne and Grandpa try to listen.

30. INT. KITCHEN. DAY
Olive and Sheryl listen.

리처드　: (주먹으로 식탁을 치며) 그럼 넌 승자가 될 거다!

올리브는 환하게 웃는다.

셰 릴　: 리처드…
리처드　: (웃으면서) 사실이야.

그는 웃으면서 혀를 내민다.
프랭크와 드웨인은 서로를 바라본다. 경멸적인 표정이다.
잠시.

리처드　: 실은 자동 응답기에 신디가 남긴 메시지가 있던데. 리틀 미시즈 선샤인인가 뭔가…
올리브　: 뭐요? 리틀 미스 선샤인이오?
리처드　: 응.
올리브　: 정말?!

그녀는 달려간다. 셰릴은 그녀를 따라 부엌으로 들어간다.
프랭크와 드웨인은 다시 서로를 쳐다본다.

28. 내부. 부엌. 낮
셰릴과 올리브가 자동 응답기에 다가간다.
삐 소리.

29. 내부. 식당. 낮
리처드, 프랭크, 드웨인 그리고 할아버지는 들으려고 애를 쓴다.

30. 내부. 부엌. 낮
올리브와 셰릴이 귀를 기울인다.

■ **stick**
(몸의 일부를) 내밀다
to put something in a place, especially quickly or carelessly

■ **disdainful**
경멸적인, 거드름 부리는
- disdain
  경멸하다, 멸시하다, …할 가치가 없다고 생각하다
  to think that somebody or something is not good enough to deserve your respect; to refuse to do something because you think that you are too important to do

You're gonna be a winner.
넌 승자가 될 거다.
You will win., You will be a winner. 로 말할 수도 있다.

Zoom In

You're gonna be a winner.
넌 승자가 될 거다.

CINDY : (V.O.) Sheryl, it's Cindy ... Remember when Olive was here last month, she was runner-up in the regional Little Miss Sunshine? Just call right now. The girl who won had to forfeit her crown—I don't know something about diet pills. Anyway, now she has a place in the State contest in Redondo Beach ...

Over the above, Olive reacts with involuntary spasms of shock, disbelief, and then pure, unadulterated euphoria.
She waits—trembling—to hear the whole message. But she can't help waiting for it to end. Abruptly, she puts her hands to her temples.

OLIVE : (shrieking) Aaahhhhhhh!!! Aaahhhhhhhhhhhhh!!!

She goes crazy and claps her hands.
Sheryl places her hands over her ears.

MACHINE : (V.O.) ... the number is ...

OLIVE : I won! I won! I won! I won! I won! ...

She goes running out into the dining room.

RICHARD : (V.O.) Finish your dinner!

OLIVE : I'm finished!

GRANDPA : (V.O.) What happened?

Sheryl is on the phone.

신 디 : (목소리) 세릴, 신디인데… 지난 달 올리브가 여기 왔을 때 리틀 미스 선샤인 지역 대회에서 올리브가 2등 했었잖아? 바로 전화해 줘. 사실은 1위를 한 애가 왕관을 박탈당해야 했거든. 난 다이어트 약에 대해선 뭔지 몰라. 어쨌든, 그래서 리돈도 비치에서 열리는 주 대회에 올리브가 출전하게 됐어.

메시지를 듣는 동안 내내, 올리브는 무의식 중에 충격과 믿을 수 없음, 그리고 순수하고 완전한 낭보 공포증의 발작으로 반응을 보인다. 그녀는 몸을 떨면서 메시지 다 듣기를 기다린다. 하지만 그것이 다 끝나기를 기다릴 수 없다. 갑자기 그녀는 두 손을 관자놀이에 올려놓는다.

올리브 : (비명을 지르며) 아아아아!!!! 아아아아아!!!

그녀는 이리저리 날뛰며 손뼉을 친다.
세릴은 손으로 자신의 귀를 막는다.

자동 응답기 : (목소리) … 번호는…
올리브 : 내가 이겼어! 내가 이겼어! 내가 이겼어! 내가 이겼다고! …

그녀는 달려 나가서는 식당으로 들어간다.

리처드 : (목소리) 저녁은 다 먹어야지!
올리브 : 다 먹었어요!
할아버지 : (목소리) 무슨 일인데?

세릴이 전화를 건다.

- **forfeit**
상실하다, 권리를 잃다, 박탈하다, 몰수당하다
to lose something or have something taken away from you because you have done something wrong

- **involuntary**
무의식 중의, 부지불식 간의

- **spasm**
경련, 발작, 충동
a sudden and often painful tightening of a muscle, which you cannot control; a sudden strong feeling or reaction that lasts for a short time

- **unadulterated**
순수한, 진짜의, 완전한
not mixed with other substances; pure

- **euphoria**
길보[낭보] 공포증
an extremely strong feeling of happiness and excitement that usually lasts only a short time

- **temple**
관자놀이, 안경다리

She has a place in the State contest in Redondo Beach.
리돈도 비치에서 열리는 주 대회에 출전하게 되었어.
place는 '(줄의) 차례, 자리, 자격, 신분' 등의 뜻이다

Zoom In

She has a place in the State contest in Redondo Beach.

리돈도 비치에서 열리는 주 대회에 출전하게 되었어.

SHERYL : (to Grandpa) I'm just calling to ... (into phone) Cindy! Yeah, we just got it ... Yeah, she basically went crazy.

OLIVE : (O.S.) I won! I won! I won!

SHERYL : (into phone) No, I didn't get that. The machine cut you off.

She picks up a pencil and a pad.

SHERYL : (into phone) Okay ...

Richard gets up and approaches Sheryl.

SHERYL : Redondo Beach. This Sunday?! Well, are you guys going?

OLIVE : (O.S.) I'm going! I'm really going!

RICHARD : (nodding) Yes?

SHERYL : (into phone) Well, can you put it off ...?

RICHARD : (whispering) They have to! They have to!

SHERYL : (into phone) Oh! Well, where does that leave us?

RICHARD : (whispering) We can't do it. We can't do it.

SHERYL : (into phone) No, no. I understand that, Cindy! Yeah. I just. No, I'll just figure it out. Okay. Bye-bye.

She hangs up, irked.

RICHARD : It's this Sunday? Why can't Jeff and Cindy take her?

셰 릴 : (할아버지에게) 전화해 봐야죠… (전화에다) 신디! 그래, 방금 들었어… 그래, 물론 제 정신이 아니지.

올리브 : (무대 밖) 내가 이겼어요! 내가 이겼어요! 내가 이겼다고!

셰 릴 : (전화에다) 그건 아직 못 들었어. 자동 응답기가 끊어져서.

그녀는 연필과 종이철을 집어 든다.

셰 릴 : (전화에다) 그래…

리처드가 일어나 셰릴에게 다가간다.

셰 릴 : 리돈도 비치. 이번 일요일?! 너희들도 다 갈 거지?

올리브 : (무대 밖) 내가 간다! 내가 정말 간다고!

리처드 : (고개를 끄덕이며) 간대?

셰 릴 : (전화에다) 그건 연기하면 안 돼…?

리처드 : (속삭이며) 그들이 가야 해! 그들이 가야 해!

셰 릴 : (전화에다) 아, 그럼 우린?

리처드 : (속삭이며) 우린 못 가. 우린 못 간다고.

셰 릴 : (전화에다) 아니, 아니. 이해해, 신디! 그래. 아니, 어떻게 해 볼게. 알았어. 끊어.

그녀는 질색을 하며 전화를 끊는다.

리처드 : 이번 일요일이라고? 제프와 신디가 데려가면 안 된대?

- **basically**
  근본적으로, 원래
- **pad**
  (한 장씩 떼어 쓰게 된) 종이철
  a number of pieces of paper for writing or drawing on, that are fastened together at one edge; a notepad
- **put off**
  연기하다, 미루다, 기다리게 하다
  to change something to a later time or date; to delay
- **irk**
  지루하게[지겹게] 하다, 질색하게 하다
  to annoy or irritate somebody

I'll just figure it out.
내가 어떻게 해 볼게.
figure out은 '해결하다, 처리하다, 이해하다'의 뜻이다.
I'll handle it., I'll think of something myself., I'll find my own way.로 말할 수도 있다.

Zoom In

I'll just figure it out.

내가 어떻게 해 볼게.

SHERYL : (shakes her head) They have some equestrian thing in Santa Barbara.

RICHARD : They do that horse shit every single weekend ...!

SHERYL : Well, it's the Nationals. They're taking both horses, okay? So apparently it's a big deal.

RICHARD : What about Olive?

Sheryl looks at Richard, shrugging her shoulders.

셰 릴 : (고개를 가로젓는다) 샌타 바바라에서 승마 대회가 있대.

리처드 : 주말마다 하는 짓이잖아…!

셰 릴 : 이번 건 말 2마리가 전부 나가는 전국 대회니 대단한 건가봐.

리처드 : 그럼 올리브는 어떡하지?

셰릴은 어깨를 으쓱해 보이며 리처드를 바라본다.

- **equestrian**
  마술의, 기수의, 말에 탄
  connected with riding horses, especially as a sport

- **nationals**
  전국 (경기) 대회
  a national competition, tournament, or the like

Chapter 3

아가야, 우리 모두 간단다

We're All Coming, Honey

시간 00:17:46 ~ 00:29:01

31 . INT. REC ROOM. DAY

We track with Olive as she runs down the stairs and races around, picking up clothes and shoes scattered about.

OLIVE : Little Miss Sunshine! Little Miss Sunshine! I won! I won! (picking up a teddy bear doll) I'm going! We're going!

32. INT. KITCHEN. MOMENTS LATER

Richard follows Sheryl.

RICHARD : (shouting) You promised?

SHERYL : We'll fly out, come back Monday.

RICHARD : And then how're you gonna get around down there?

SHERYL : We'll rent a car.

She picks up the half-filled container of potato salad and slaw from the table and gives it to Richard.

31. 내부. 오락실. 낮

카메라는 올리브를 쫓는데, 그녀는 층계를 달려 내려가서는 여기저기 흩어져 있는 옷과 구두를 집어 들며 이리저리 뛰어다닌다.

올리브 : 리틀 미스 선샤인! 리틀 미스 선샤인! 내가 우승한 거야! 내가 이겼다고! (장난감 곰 인형을 집어 들며) 경기에 참가하는 거야! 우리 가는 거라고!

32. 내부. 부엌. 잠시 뒤

리처드는 셰릴을 따른다.

리처드 : (소리를 지르며) 당신 약속한 거야?
셰 릴 : 비행기로 갔다가 월요일에 와야지.
리처드 : 거기 가서는 어쩌고?
셰 릴 : 차 렌트 해야지.

그녀는 식탁에서 반 정도 가득 찬 감자 샐러드와 양배추 샐러드 그릇을 집어 리처드에게 준다.

- **scatter**
  흩뿌리다, 흩어버리다, 흩어지다
  to throw or drop things in different directions so that they cover an area of ground; to move or to make people or animals move very quickly in different directions

- **teddy bear**
  (봉제) 장난감 곰
  a soft toy bear

- **get around**
  돌아다니다, 극복하다
  to deal with a problem successfully

Throughout the following, she wraps the leftover chicken in Saran Wrap and puts the chicken and other leftovers in the fridge.

RICHARD : And stay in a hotel?

SHERYL : We can afford it ...!

RICHARD : Sheryl! This is our seed money!

SHERYL : Well, if I had a little help bringing it in, y'know?! It all goes to your Nine Steps ...

RICHARD : I told you I'm gonna talk to Stan Grossman. We're gonna be locked and loaded on this deal and start generating some income! But in the meantime we've gotta be ...

He throws the container in the garbage.

SHERYL : (V.O.) Okay, okay! We'll drive!

GRANDPA : I'm not driving ...

RICHARD : How are you gonna fit Grandpa in the Miata?

SHERYL : Grandpa does not have to come.

GRANDPA : What?! I coached her! I gave her the moves. I gotta go.

RICHARD : Why don't you take the VW?

SHERYL : I cannot drive a shift, Richard! I've tried, and I cannot do it!

She continues putting away the leftovers.

SHERYL : We'll fly there.

다음 대화 내내 그녀는 사란 랩에다 남은 닭고기를 싸서 닭고기와 남은 음식을 냉장고에 넣는다.

리처드 : 호텔에 묵으면서?

셰 릴 : 그 정도 여유는 있어…!

리처드 : 여보! 이건 우리 사업 자금이야!

셰 릴 : 그럼 돈을 벌어 날 좀 돕든가?! 다 자기 9단계 책에 쏟아 붓고 있잖아…

리처드 : 스탠 그로스먼에게 말한다니까. 성사된 일이나 같아. 곧 수입이 생길 거라고! 하지만 그 전에는 우리가…

그는 쓰레기통에 그릇을 던진다.

셰 릴 : (목소리) 좋아, 좋아! 운전해서 가는 거야!

할아버지 : 난 운전 안 할 거야…

리처드 : 코딱지만한 미아타차로 어떻게 할아버지를 모신다는 거야?

셰 릴 : 아버님은 가실 필요 없잖아.

할아버지 : 뭐야?! 내가 코치를 했는데! 내가 가르쳤다고. 당연히 같이 가야지.

리처드 : 폭스바겐으로 가면 되잖아?

셰 릴 : 난 스틱 기어론 운전 못 해, 리처드! 시도해 봤지만 할 수 없다고!

그녀는 계속해서 남은 음식을 치운다.

셰 릴 : 그냥 비행기로 가자.

- **leftover**
  나머지, 찌꺼기
  food that has not been eaten at the end of a meal
- **Saran Wrap**
  사란 랩(미국 Dow Chemical Co.제의 합성수지 랩; 음식물 포장용, 그 상표명)
- **bring in**
  (…의 이익을) 생기게 하다, 벌다
- **Miata**
  미아타(일본 마즈다 회사의 스포츠 카 이름으로 Mazda X-5라고도 한다)
- **VW**
  독일의 대중형 소형 자동차(people's wagon)
  Volkswagen
- **shift**
  자동차 변속 기어(gearshift)

This is our seed money.
이건 우리 사업 자금이야.
seed money는 '사업의 밑천, 종자돈(= money to start a new business, project, etc.)'을 말한다.

Zoom In

This is our seed money.

이건 우리 사업 자금이야.

RICHARD : We can't afford it!

SHERYL : Well, that's what we're gonna do unless you have a better idea.

She slams the freezer door and heads for the dining room.

33. INT. DINING ROOM. CONTINUOUS

Sheryl enters. Frank and Dwayne finish up. Sheryl tosses the Popsicles on the table.

SHERYL : Here. This is dessert.

She stops and sighs putting her hand on the forehead.
Richard looks out of the window.
Silence.

OLIVE : (V.O.) I won! I won! I won! I won! I won! I won!

Sheryl rips open a Popsicle.
Olive runs in and out.

OLIVE : I won! I won! I won!

Sheryl takes a bite.

OLIVE : (O.S.) Little Miss Sunshine! Little Miss Sunshine! Little Miss Sunshine!

Silence.

리처드 : 여유가 안 된다니까!

셰 릴 : 할 수 없어. 다른 방법이 있으면 몰라도.

그녀는 냉장고 문을 쾅 닫으며 식당으로 나아간다.

33. 내부. 식당. 계속
셰릴이 들어온다. 프랭크와 드웨인이 식사를 마무른다. 셰릴은 식탁 위에다 팝시클 아이스 캔디를 던지듯이 놓는다.

셰 릴 : 여기. 후식이야.

그녀는 멈춰 서서 이마에 손을 얹고 한숨을 쉰다.
리처드는 창밖을 내다본다.
침묵.

올리브 : (무대 밖) 내가 이겼어! 내가 이겼어! 내가 이겼어! 내가 이겼어! 내가 이겼어! 내가 이겼다고!

셰릴은 팝시클 하나를 꺼내 찢어서 연다.
올리브가 뛰어 들어왔다가 나간다.

올리브 : 내가 이겼어! 내가 이겼어! 내가 이겼다고!

셰릴은 한 입 깨문다.

올리브 : (무대 밖) 리틀 미스 선샤인! 리틀 미스 선샤인! 리틀 미스 선샤인!

침묵.

■ **finish up**
(음식물을) 먹어 치우다, 끝마치다, 마무르다
to be in a particular state or at a particular place after a series of events

■ **Popsicle**
(가는 막대기에 얼린) 아이스 캔디(ice lolly의 상표명)

■ **rip**
째다, 찢다, 잡아 찢다
to tear something or to become torn, often suddenly or violently; to remove something quickly or violently, often by pulling it

We can't afford it!
그럴 여유가 없어요!
afford는 can, could, be able to 등과 함께 쓰여 '…할 여유가 있다, …할 수 있다'의 뜻이다.

Zoom In

We can't afford it!
그럴 여유가 없어요!

RICHARD : All right. I'll drive the bus.

SHERYL : Richard! I was told explicitly not to leave Frank by himself. No offense, Frank.

FRANK : None taken.

RICHARD : (approaching Frank) What're you talking about? You got Dwayne here. They can look after each other!

SHERYL : No, Richard! That's asking too much! I mean, if something happened, I'd ...

RICHARD : Okay, we can't go, then, unless Dwayne and Frank go with us.

A pause. All eyes turn to Frank and Dwayne. Dwayne begins vigorously shaking his head "No."

OLIVE : (O.S.) Mom! Where is my bathing suit?

FRANK : Right.

Sheryl pleads with Frank and Dwayne.

SHERYL : Frank?

OLIVE : (O.S.) I've found it!

Frank has a pained expression on his face. It's like he's giving birth to this answer—forcing it out of himself.

FRANK : Okay.

Dwayne rolls his eyes, shaking his head. He looks up at his mother.

리처드 : 좋아, 내가 운전할게.

셰 릴 : 리처드! 의사가 프랭크를 절대 혼자 두지 말랬어. 악의로 한 말은 아니야, 프랭크.

프랭크 : 괜찮아.

리처드 : (프랭크에게 다가서며) 무슨 소릴 하는 거야? 드웨인이 있잖아. 서로 돌보면 돼!

셰 릴 : 안 돼, 리처드! 그건 무리한 요구야! 무슨 일이라도 생기면…

리처드 : 좋아, 그럼 못 가는 거지 뭐, 둘 다 가지 않으면.

잠시. 모든 눈이 프랭크와 드웨인에게 쏠린다. 드웨인은 머리를 세차게 '안 돼' 라고 흔들기 시작한다.

올리브 : (무대 밖) 엄마! 내 수영복 어디 있어?

프랭크 : 맞아.

셰릴은 프랭크와 드웨인에게 간청한다.

셰 릴 : 프랭크?

올리브 : (무대 밖) 찾았어요!

프랭크는 얼굴에 고통스런 표정을 짓는다. 그것은 마치 다음 대답을 하기 위해 산고를 겪는 것 같다. 억지로 대답이 나오게 한다.

프랭크 : 좋아.

드웨인은 고개를 가로저으며 눈을 휘둥그레 뜬다. 그는 엄마를 쳐다본다.

- **explicitly**
  분명하여, 명백하게, 노골적으로, 솔직하게
  - explicit
    명백한, 뚜렷한, 솔직한
    (of a statement or piece of writing) clear and easy to understand; (of a person) saying something clearly, exactly and openly
- **plead with**
  …에게 빌다, 간청하다
- **give birth to**
  …을 낳다, …의 원인이 되다
  to produce a baby or young animal

No offense, Frank.
악의로 한 말은 아니야, 프랭크.
우연히 상대방을 모욕할 경우 당황해서 말하는 표현으로, 보통 None taken.(= Don't worry, I'm not offended.)으로 답한다.

Zoom In

No offense, Frank.

악의로 한 말은 아니야, 프랭크.

OLIVE : (O.S.) I'm going! I'm going! I'm going!

SHERYL : No, Dwayne, come on. Please. Think of your sister.

RICHARD : Come on, Dwayne! It'll be a lot of fun! You can go to the beach and ...

Everyone stares at Dwayne. Dwayne takes his pad out and writes. Frank reads over his shoulder as it comes out.

FRANK : "This is unfair! All I ask is that you leave me alone."

Dwayne stops writing, folds his arms.
Silence.
Sheryl turns to Dwayne.

SHERYL : Dwayne. Flight school. I'll give permission for flight school.

Another silence.

OLIVE : (O.S.) I've gotta go pack. I won. I can't believe it. I won. I won. I'm gonna win this one, too!

Finally Dwayne bangs his fists on the table and offers his hand to Sheryl. She shakes and kisses his head. Everyone is relieved. Dwayne scribbles another one. Frank reads it.

FRANK : "But I'm not going to have any fun!!!"

Dwayne throws his pen on the table.

올리브 : (무대 밖) 내가 간다! 내가 간다! 내가 가!

셰 릴 : 제발, 드웨인. 동생을 위해서야.

리처드 : 그래, 드웨인! 재미있을 거야! 해변도 가 볼 수 있고, 또…

모두가 드웨인을 바라본다. 드웨인은 종이철을 꺼내 쓴다. 프랭크가 글씨가 보일 때마다 어깨 너머로 읽는다.

프랭크 : "이건 불공평해요! 부탁인데 전 제발 빼 주세요."

드웨인은 쓰기를 멈추고 팔짱을 낀다.
침묵.
셰릴이 드웨인에게 돌아선다.

셰 릴 : 드웨인. 비행 학교 말인데. 대신 비행 학교에 가는 거 허락할게.

또 한 번의 침묵.

올리브 : (무대 밖) 짐 싸야지. 내가 이겼어. 세상에, 내가 우승하다니. 이번에도 이길 거야!

마침내 드웨인은 식탁 위를 주먹으로 탕 치더니 셰릴에게 손을 내민다. 그녀는 악수를 하며 그의 머리에 키스를 한다. 모두가 안심한다. 드웨인은 또 갈겨 쓴다. 프랭크가 그것을 읽는다.

프랭크 : "하지만 절대 재미있지 않을 거예요!!!"

드웨인은 식탁 위에 펜을 던진다.

- **permission**
  허가, 인가, 허락
  the act of allowing somebody to do something, especially when this is done by somebody in a position of authority; an official written statement allowing somebody to do something

- **pack**
  (짐 등을) 꾸리다, 싸다, 포장하다
  to put clothes, etc. into a bag in preparation for a trip away from home

- **bang**
  탕 치다, 쿵 소리 나다
  to hit something in a way that makes a loud noise

This is unfair!
이건 불공평해요!
This is not fair!와 같은 표현으로 unfair는 '불공평한, 부당한, 공명정대하지 못한'의 뜻이다.

Zoom In

This is unfair!

이건 불공평해요!

FRANK : Yeah, we're all with you on that one, Dwayne.

Olive re-enters, lugging her suitcase–she is breathless, flushed with excitement.

OLIVE : Grandpa. Grandpa! Is Grandpa coming to California?

SHERYL : We're all coming, honey.

Olive hugs Grandpa.

RICHARD : Uh, hold on. Uh, Olive? Come over here for a second. Come here. Sit down for a second.

Olive walks over and sits in front of Richard.

RICHARD : Look. There's no sense in entering a contest if you don't think you're gonna win. So, do you think you can win Little Miss Sunshine?

SHERYL : Richard ...

Sheryl starts to object, but Richard raises his hand, cutting her off. Olive doesn't seem so sure.

RICHARD : Are you gonna win?

Olive thinks it over staring at Sheryl. Then, with white-hot determination.

OLIVE : Yes!

프랭크 : 그래, 우리 모두 그 말엔 동감이다, 드웨인.

올리브가 옷 가방을 질질 끌면서 다시 들어온다. 그녀는 흥분으로 얼굴이 붉어진 채 숨을 헐떡인다.

올리브 : 할아버지. 할아버지! 할아버지도 캘리포니아에 가는 거야?

셰 릴 : 아가야, 우리 모두 갈 거야.

올리브는 할아버지를 껴안는다.

리처드 : 잠깐. 올리브? 잠깐 이리 와 보렴. 이리 와. 잠깐 여기 앉아.

올리브는 건너와 리처드 앞에 앉는다.

리처드 : 잘 들어. 우승할 거라고 생각하지 않는다면 대회에 참가하는 건 무분별한 일이야. 그러니까, 리틀 미스 선샤인 대회에서 우승할 수 있겠다고 생각하는 거냐?

셰 릴 : 여보…

셰릴은 이의를 제기하기 시작하지만 리처드가 손을 들어 그녀가 끼어 드는 걸 막는다. 올리브는 확신하지 못하는 것 같다.

리처드 : 우승할 거야?

올리브는 셰릴을 보면서 곰곰이 생각한다. 그리고는 매우 굳은 결심을 하면서.

올리브 : 네!

- **lug**
  질질 끌다, 힘껏 끌어당기다
  to carry or drag something heavy with a lot of effort

- **flush**
  (얼굴, 볼 등이) 확 붉어지다, 홍조를 띠다
  (of a person or their face) to become red, especially because you are embarrassed, excited or hot

- **white-hot**
  열렬한, 극단적으로 흥분한
  (of metal or something burning) so hot that it looks white; very strong and intense

There's no sense in entering a contest.
대회에 참가하는 건 무분별한 일이야.
There's no sense in + -ing 은 '…하는 것은 무분별한 일이다'는 뜻의 관용 표현이다.

Zoom In

There's no sense in entering a contest.

대회에 참가하는 건 무분별한 일이야.

Richard smiles and slaps the table.

RICHARD : We're goin' to California!

Olive and Richard hug each other rejoicingly.

34. INT. DWAYNE'S BEDROOM. NIGHT
Dwayne is on his bed reading his dog-eared copy of "Thus Spoke Zarathustra." Frank approaches.

FRANK : Good night, Dwayne.

Frank sits on the cot. He wears a pair of silk pajamas.
Dwayne sits up and picks up his pad and writes. He shows it to Frank. It reads: "Please don't kill yourself tonight."

FRANK : Not on your watch. I wouldn't do that to you.

Dwayne scribbles another note. It reads:
"Welcome to Hell."

FRANK : (deadpan) Thank you, Dwayne.

He lies back.

FRANK : Coming from you, that means a lot. Good night.

Dwayne leans over and turns out the light.

리처드는 웃으며 식탁을 친다.

리처드 : 캘리포니아로 출동이다!

올리브와 리처드는 기뻐서 서로 포옹한다.

34. 내부. 드웨인의 침실. 밤
드웨인이 '차라투스트라는 이렇게 말했다'란 제목의 낡은 책을 읽으면서 침대에 누워 있다. 프랭크가 다가온다.

프랭크 : 잘 자, 드웨인.

프랭크는 침대 위에 앉는다. 그는 실크 파자마를 입고 있다.
드웨인은 일어나 앉아 종이철을 꺼내 쓴다. 그것을 프랭크에게 보여 준다. 그것은 다음과 같다.
"제발 오늘 밤에는 자살하지 마세요."

프랭크 : 네가 보는 데선 안 해. 너한테 그런 짓은 안 한다고.

드웨인은 다시 갈겨 쓴다. 그것은 다음과 같다.
"지옥에 온 걸 환영해요."

프랭크 : (무표정하게) 고맙다, 드웨인.

그는 드러눕는다.

프랭크 : 네가 그런 말을 해 주니 특히 의미심장하다. 잘 자.

드웨인은 몸을 숙여 불을 끈다.

- **slap**
  찰싹 때리다
  to hit somebody or something with the flat part of your hand
- **rejoicingly**
  기뻐하여, 환호하여, 축하하여
  - rejoice
    기뻐하다, 좋아하다, 축하하다
    to express great happiness about something
- **dog-eared**
  책장 모서리가 접힌, 써서 낡은, 초라한
  (of a book) used so much that the corners of many of the pages are turned down

I wouldn't do that to you.
너한테 그런 짓은 안 한다.
would는 강한 희망이나 선택을 나타내어 '…하고자 한다'의 뜻이다.

Zoom In

I wouldn't do that to you.
너한테 그런 짓은 안 한다.

35. EXT. HIGHWAY. DAY
A VW bus is running in the bright sunshine.

36. INT. VW BUS. DAY
Richard is driving. Sheryl rides shotgun. Frank and Olive sit in the second row. Dwayne and Grandpa sit in back.
Dwayne is wearing a T-shirt that says, "Jesus Was Wrong." He reads.

37. EXT. HIGHWAY. DAY
The bus continues running along the highway.

38. INT. VW BUS. DAY
Time passed.
Olive wears a large set of headphones that completely cover her ears. She does little half-dancing moves to the music.
Frank remains silent, thinking.
No one says anything. They've been driving a while.
Grandpa's arms hang limply by his side. He is sleepy.
Sheryl yawns. Richard drives with sleepy eyes.

39. EXT. HIGHWAY. DAY
The bus runs down the highway at full speed. The sky is so blue.

40. INT. VW BUS. DAY
Grandpa breaks the silence.

GRANDPA : Jesus, I'm tired. I am so fucking tired. (to Dwayne) You know how tired I am? If some girl came up to me ... begged me to fuck her ... I couldn't do it.

RICHARD : (looking back) Dad!

GRANDPA : That's how tired I am.

RICHARD : Watch the language, huh?

35. 외부. 간선 도로. 낮
폭스바겐 버스가 화창한 햇빛을 받으며 달리고 있다.

36. 내부. 폭스바겐 버스. 낮
리처드가 운전을 한다. 셰릴은 조수석에 타고 있다. 프랭크와 올리브는 둘째 줄에 앉아 있고 드웨인과 할아버지는 뒤에 있다.
드웨인은 '예수는 틀렸다'는 말이 씌어 있는 티셔츠를 입고 있다. 그는 독서 중이다.

37. 외부. 간선 도로. 낮
버스는 계속 간선 도로를 따라 달린다.

38. 내부. 폭스바겐 버스. 낮
시간이 지났다.
올리브는 자신의 귀를 완전히 덮고 있는 커다란 헤드폰을 쓰고 있다. 음악에 맞춰 반 정도 춤을 춘다.
프랭크는 생각에 잠겨 조용히 앉아 있다.
누구도 말을 하지 않는다. 그들은 한참 차를 몰고 오는 중이다.
할아버지의 양팔은 그 옆으로 축 늘어져 있다. 잠을 자고 있다.
셰릴은 하품을 한다. 리처드는 졸린 눈으로 운전을 한다.

39. 외부. 간선 도로. 낮
버스는 전속력으로 달려간다. 하늘은 매우 푸르다.

40. 내부. 폭스바겐 버스. 낮
할아버지가 침묵을 깬다.

할아버지	: 젠장, 피곤해. 정말 피곤해. (드웨인에게) 내가 얼마나 피곤한지 알아? 어떤 여자가 와서… 한 번 당겨 달라고 애원해도… 못할 정도라니까.
리처드	: (돌아보며) 아버지!
할아버지	: 그 정도로 피곤하다고.
리처드	: 말조심하세요, 네?

- **ride shotgun**
  길동무로서 차에 타다, 조수석에 타다
  to ride in the front passenger seat of a car or truck

- **limply**
  흐느적거리며, 맥 빠져, 축 늘어져
  - limp
    흐느적거리는, 기운이 없는, 축 늘어진
    lacking strength or energy; not stiff or firm

Watch the language.
말조심하세요.
Watch your tongue., Watch your language.도 같은 표현이다.

Zoom In

Watch the language.

말조심하세요.

GRANDPA : She's listening to music ...! (to Olive, loud) Hey, Olive! I'll give you a million dollars if you turn around!

Olive is oblivious. Sheryl and Richard look back at Olive.

GRANDPA : See?

RICHARD : All right. But the rest of us ...

GRANDPA : Ahhh, the rest of you ...

He touches Dwayne's arm.

GRANDPA : Can I give you some advice?

Dwayne shakes his head.

GRANDPA : Well, I'm gonna give it to you anyway. I don't want you making the same mistakes I made when I was young.

RICHARD : I can't wait to hear this.

GRANDPA : Dwayne. That's your name, right? Dwayne? This is the voice of experience talking. Are you listening?

Dwayne remains silent.

GRANDPA : Fuck a lot of women, Dwayne.

RICHARD : (V.O.) Hey, Dad!

GRANDPA : Not just one woman. A lot of women.

할아버지 : 올리브는 음악 듣고 있잖아…! (올리브에게, 크게) 이봐, 올리브! 네가 돌아 보면 1백만 달러 주마!

올리브는 안중에 없다. 셰릴과 리처드는 올리브를 돌아다 본다.

할아버지 : 봤지?
리처드 : 좋아요. 하지만 우리 생각도 해 주세요…
할아버지 : 아, 너희들 생각이라…

그는 드웨인의 팔을 건드린다.

할아버지 : 내 충고 하나 할까?

드웨인은 고개를 가로젓는다.

할아버지 : 어쨌든 싫대도 이 말은 해야겠다. 내가 젊었을 때 했던 실수를 네가 되풀이해선 안 돼.
리처드 : 또 시작이네.
할아버지 : 드웨인, 그게 네 이름이지? 경험자로서 하는 말이야. 듣고 있니?

드웨인은 말 없이 앉아 있다.

할아버지 : 열나게 여자들이랑 자라, 드웨인.
리처드 : (목소리) 아버지!
할아버지 : 딱 한 여자가 아냐. 많은 여자들이랑.

- **oblivious**
  염두[안중]에 없는, 잘 잊어버리는, 건망증이 있는
  not aware of something

- **fuck**
  …와 성교하다
  to have sex with somebody

I can't wait to hear this.
그 소리 듣기를 고대하고 있었지.
'또 시작이군, 고대하고 있었던 이야기야' 등으로 의역할 수 있는 표현이다.

Zoom In

I can't wait to hear this.

그 소리 듣기를 고대하고 있었지.

Frank looks back at him.

RICHARD : (V.O.) That's enough, all right?

GRANDPA : Are you gettin' any?

RICHARD : (V.O.) Dad!

GRANDPA : You can tell me, Dwayne. Are you gettin' any?

RICHARD : (V.O.) Come on, please.

GRANDPA : No? Jesus! You're, what? Fifteen? My God, man!

RICHARD : (V.O.) Dad!

GRANDPA : You should be gettin' that young stuff. The young stuff's the best stuff in the whole world.

RICHARD : Hey, Dad! That's enough. Stop it!

GRANDPA : Will you kindly not interrupt me, Richard? (to Dwayne) See? Right now you're jailbait. They're jailbait. It's perfect. I mean, you hit eighteen. Man! You're talking about three to five.

RICHARD : Hey, I'll pull this truck over right now!

GRANDPA : So pull your truck over! You're not gonna shut me up! Fuck you! I can say what I want! I still got Nazi bullets in my ass!

RICHARD : To hell with the Nazi bullets!

GRANDPA : You're as bad as those fuckers at Sunset Manor ...!

Richard slaps the horn.

FRANK : What happened at Sunset Manor?

프랭크가 그를 뒤돌아본다.

리처드 : (목소리) 그만 하세요, 네?
할아버지 : 해 보긴 했냐?
리처드 : (목소리) 아버지!
할아버지 : 말해 봐, 드웨인. 해 보긴 했냐고?
리처드 : (목소리) 제발, 부탁해요.
할아버지 : 못해 봤다고? 젠장! 너 15살이지? 맙소사!
리처드 : (목소리) 아버지!
할아버지 : 10대의 거시기를 가져야 돼. 세상에서 10대 거시기가 제일 끝내주는 거거든.
리처드 : 아버지! 됐어요. 그만 하세요!
할아버지 : 제발 방해하지 좀 마라, 리처드. (드웨인에게) 알겠냐? 지금은 너나 여자쪽이나 다 미성년이니까 완벽해. 내 말은, 네가 18살만 되면 이런! 미성년자 건드렸다고 3년에서 5년 형 받아.
리처드 : 아버지, 당장 길가에 세우기 전에 그만 하세요!
할아버지 : 트럭 세워 보지 그래! 내 입 막을 생각 마! 엿이나 먹어! 난 원하는 걸 말할 수 있다고! 아직 엉덩이에 나치 총알을 박고 사는 나야!
리처드 : 나치 총알 소리 집어 치우세요!
할아버지 : 너도 선셋 요양소 놈들과 하나도 다를 거 없어…!

리처드가 경적을 친다.

프랭크 : 선셋 요양소에서 무슨 일 있었는데요?

jailbait
〈속어〉 손 대면 교도소 감인 일; 미성년자 강간죄로 처벌될 만큼 어린 소녀[소녀]
a girl who has not jet reached the legal age of consent

pull over
〈차 · 배를〉 (길) 한쪽에 대다[세우다]
to drive a car to the side of the road

bullet
총탄, 탄환
a small metal object that is fired from a gun

fucker
바보 같은 놈, 싫은 놈, 녀석, 놈
a very offensive word used to insult somebody

Fuck you!
엿이나 먹어라!
비어 표현으로 '뒈져라!, 엿 먹어라!'의 뜻이다.

Zoom In

Fuck you!

엿이나 먹어라!

SHERYL : Frank, don't encourage him.

GRANDPA : Whatever, I'll tell you what happened! I paid my money, they took my money. I should be able to do what the fuck I want!

SHERYL : (looking back) He started snorting heroin.

FRANK : You started snorting heroin?!

GRANDPA : I'm old!

FRANK : That stuff'll kill you.

GRANDPA : What am I, an idiot? (to Dwayne) And don't you start taking that shit. When you're young, you're crazy to do that stuff.

FRANK : What about you?

GRANDPA : What about me? I'm old! When you get old, you're crazy not to do it.

SHERYL : We've tried, believe me. The intervention was a fiasco. He was worse than a two-year-old.

RICHARD : Can we please talk about something else?

FRANK : I take it you didn't like it at Sunset Manor.

SHERYL : Frank.

GRANDPA : Are you kidding me? It was a fucking paradise. They got a pool. They got golf. Now I'm stuck with Mr. Happy here, sleeping on a fucking sofa.

Richard and Sheryl look at each other.

셰 릴 : 프랭크, 부추기지 마.

할아버지 : 어쨌거나, 무슨 일이 있었는지 말하지! 내가 돈을 전부 냈는데 그것들이 몽땅 쳐 먹었어. 내 꼴리는 대로 할 수 있을 텐데 말이야!

셰 릴 : 마약을 빨기 시작하셨어.

프랭크 : (뒤돌아보며) 마약을 시작했다고?!

할아버지 : 늙었으니까!

프랭크 : 그러다 죽어요.

할아버지 : 내가 바보인 줄 알아? (드웨인에게) 어렸을 때엔 시작하지 마라. 젊어서 그런 걸 하는 건 미친 짓이지.

프랭크 : 아버님은요?

할아버지 : 나? 난 늙었잖아! 사람이 늙어서 마약 안 하면 미친 거지.

셰 릴 : 우린 노력해 봤어. 말려 봤었지만 소용 없었어. 2살짜리 애보다 더 못 말려.

리처드 : 화제 좀 바꾸면 안 될까?

프랭크 : 선셋 요양소가 마음에 안 드셨군요.

셰 릴 : 프랭크.

할아버지 : 날 놀리는 거냐? 천국이었어. 수영장도 있고 골프장도 있었어. 지금은 미스터 해피랑 망할 소파 신세지만.

리처드와 셰릴은 서로를 바라본다.

- **intervention**
  개입, 간섭, 중재
  an act of intervening, especially in the affairs of other people or other countries

- **fiasco**
  큰 실수, 대실패
  a complete and ridiculous failure

- **Mr. Happy**
  미스터 해피(로저 하그리브스가 지은 Mr. Men 시리즈의 제 3권 이름. 가장 단순하게 보이고 크게 웃는 모습이다)

Are you kidding me?
날 놀리는 거냐?
Are you joking?, Stop your joking!, Quit your nonsense!, Quit your kidding! 등과 같은 표현이다.

Zoom In

Are you kidding me?

날 놀리는 거냐?

GRANDPA : (leaning forward) Look, I know you're a homo and all, but maybe you can appreciate this. You go to one of those places, there's four women for every guy. Can you imagine what that's like?

FRANK : You must have been very busy.

GRANDPA : Huh-huh. I had second degree burns on my Johnson, I kid you not.

FRANK : Really?

GRANDPA : Forget about it.

Olive takes off her headphones and turns around.

OLIVE : (to Grandpa) What are you guys talking about?

GRANDPA : Politics.

OLIVE : Oh.

She puts her headphones back on.

GRANDPA : (to Dwayne) Fuck a lot of women, kid. I have no reason to lie to you. Not one woman. A lot of women. You heard what I said?

41. EXT. ROAD. DAY

The VW bus runs along the road.

GRANDPA : (V.O.) Did it go in anywhere?

RICHARD : (V.O.) Yeah, I think we get the point, Dad.

할아버지 : (앞으로 몸을 기대며) 이봐, 자네는 동성 연애자로 알고 있는데. 하지만 이해할 수 있을 거야. 그런 곳에 가면 어느 곳이나 남자 하나당 여자가 넷이나 되거든. 그곳이 어떨지 상상이 가나?

프랭크 : 무척 바쁘셨겠네요.

할아버지 : 허허. 내 연장에 2도 화상을 입을 정도로 불이 났었지. 농담 아닐세.

프랭크 : 정말요?

할아버지 : 말도 마.

올리브가 헤드폰을 벗고 돌아본다.

올리브 : (할아버지에게) 무슨 얘기하세요?

할아버지 : 정치 얘기란다.

올리브 : 아.

그녀는 다시 헤드폰을 쓴다.

할아버지 : (드웨인에게) 많은 여자들과 자거라, 얘야. 내가 왜 거짓말 하겠니? 하나가 아니라 아주 많은 여자랑 자. 내 말 들었어?

41. 외부. 도로. 낮
폭스바겐이 길을 따라 달린다.

할아버지 : (목소리) 알아먹긴 한 거야?

리처드 : (목소리) 알아들었어요, 아버지.

- **homo**
  동성애를 하는 사람(= homosexual)
  a person, usually a man, who is sexually attracted to people of the same sex

- **Johnson**
  〈속어〉 페니스, 남성의 성기

- **politics**
  정치, 정치학
  the activities involved in getting and using power in public life, and being able to influence decisions that affect a country or a society

I kid you not.
농담 아냐.
구어로 '심각해, 농담하는 게 아냐, 사실이야'(= I'm serious.)의 뜻이다.

Zoom In

I kid you not.

농담 아냐.

GRANDPA : (V.O.) Don't show me the pad. I don't wanna see the fucking pad.

42. INT. DINER. DAY

Everyone sits in a round booth, looking at menus.

OLIVE : Mom, how much can we spend?

SHERYL : I'd say four dollars. Anything under four dollars.

Olive nods. A waitress arrives.

WAITRESS : Hi. You ready?

RICHARD : Yeah, I'm gonna have the number five with coffee, please.

SHERYL : Uh ... Number seven, over easy. And a grapefruit juice.

WAITRESS : Grapefruit?

FRANK : Um ... I would like a fruit plate. And ... do you have chamomile?

WAITRESS : Yes.

FRANK : With honey, please.

GRANDPA : I would like the Lumberjack and coffee, and extra bacon.

WAITRESS : Extra?

RICHARD : Dad, you should probably ...

SHERYL : Richard, don't start ...

RICHARD : He could kill himself ...!

할아버지 : (목소리) 대충 흘려듣지 마. 딱 질색이니까.

42. 내부. 간이식당. 낮
모두가 칸막이한 둥그런 좌석에 앉아 메뉴를 보고 있다.

올리브 : 엄마, 얼마짜리로 해?
셰 릴 : 4달러 정도로 해. 4달러 이하면 괜찮아.

올리브가 고개를 끄덕인다. 웨이트리스가 온다.

웨이트리스 : 안녕하세요. 주문하시겠어요?
리처드 : 네, 5번에 커피 하나 추가요.
셰 릴 : 저… 7번에 살짝 프라이한 거랑 그레이프프루트 주스 주세요.
웨이트리스 : 그레이프프루트요?
프랭크 : 음… 과일 한 접시하고… 카밀레 차 있나요?
웨이트리스 : 네.
프랭크 : 꿀을 넣어서 주세요.
할아버지 : 난 럼버잭이랑 커피 주세요, 베이컨 추가하고요.
웨이트리스 : 추가요?
리처드 : 아버지, 그건 좀…
셰 릴 : 여보, 하지 마…
리처드 : 자살 행위야…!

■ show me the pad
〈속어〉 흘려듣다, 대충 넘기다
• pad
덧대는 것, 패드, 불필요한 말

■ diner
간이식당, 싸구려 식당

■ booth
칸막이한 좌석
a small enclosed place where you can do something privately, for example make a telephone call, or vote

■ plate
요리 1인분, 한 접시의 요리
the amount of food that you can put on a plate; a whole main course of a meal, served on one plate

■ chamomile
(식물) 카밀레, 카밀레 차
a plant with a sweet smell and small white and yellow flowers. Its dried leaves and flowers are used to make tea, medicine, etc.

■ Lumberjack
럼버잭(벌목하는 사람들이 먹던 음식에서 유래한 것으로 여러 가지가 섞여 있는 요리)

You ready?
주문하시겠어요?
Are you ready?, Are you ready to order?가 준 표현이며, May I have your order?로 말할 수도 있다.

Zoom In

You ready?

주문하시겠어요?

SHERYL : Well, it's his life.

GERANDPA : Thank you, Sheryl.

Dwayne holds up his note pad. It reads: "Garden salad."

WAITRESS : Uh ... Garden salad?

Dwayne nods.

WAITRESS : And you?

OLIVE : I'm sorry, I ... um ...

WAITRESS : Take your time ...!

RICHARD : Don't apologize, Olive. It's a sign of weakness.

Frank rolls his eyes. Olive sees something.

OLIVE : Oh, well, um ... Okay, okay! I know what I want. I know, okay. Can I get the waffles and um ... I don't ... what does "A la mod-ee" mean?

WAITRESS : Oh, that means it comes with ice cream.

OLIVE : Okay! "A la mod-ee," then.

SHERYL : Olive. For breakfast?

OLIVE : You said, "Four dollars"!

SHERYL : Okay, you're right.

WAITRESS : Okay, be right back!

She departs.

세 릴 : 아버님 생명이야.
할아버지 : 고맙구나, 세릴.

드웨인은 노트를 집는다. 거기에는 다음과 같이 씌어 있다.
'가든 샐러드.'

웨이트리스 : 어… 가든 샐러드요?

드웨인은 고개를 끄덕인다.

웨이트리스 : 그리고 꼬마 아가씨는?
올리브 : 죄송해요, 전…
웨이트리스 : 천천히 결정해…!
리처드 : 사과하지 마, 올리브. 그건 약자나 하는 거야.

프랭크가 눈을 굴린다. 올리브가 뭔가를 본다.

올리브 : 아, 저… 좋아요, 좋아요! 뭘 먹을지 결정했어요. 전 와플을 주시고 그리고 음… '알라모디'가 뭐예요?
웨이트리스 : 아이스크림이랑 같이 나오는 거란다.
올리브 : 좋아요! 그럼 '알라모디'요.
세 릴 : 올리브. 아침 식사인데?
올리브 : '4달러' 잖아요!
세 릴 : 그래, 맞는 말이다.
웨이트리스 : 금방 갖다 드리죠!

그녀가 자리를 뜬다.

- **garden salad**
  앙트레(생선과 고기 사이에 나오는 요리) 크기의 샐러드(드레싱과 같이 나온다)
- **waffle**
  밀가루, 우유, 계란 등을 반죽하여 구운 것(시럽을 쳐서 먹는다)
  a crisp flat cake with a pattern of squares on both sides, often eaten with sweet sauce, cream, etc. on top
- **a la mode**
  (요리, 파이 등이) 아이스크림을 얹은, (쇠고기가) 채소와 끓인 육즙 소스를 곁들인
  served with ice cream

Take your time.
천천히 해.
Take your own time. (서두를 거 없어, 천천히 해.) 이라고도 할 수 있다.

Zoom In

Take your time.

천천히 해.

FRANK : Actually, Olive. "A la mode" in French translates literally as "in the fashion." "A ... la ... mode." "Mode" is derived from Latin "modus," meaning "due or proper measure."

RICHARD : (cutting in) Frank, shut up.

He shuts his cell phone.

SHERYL : Richard ...!

Frank looks at Sheryl: Don't bother. Richard turns to Olive.

RICHARD : Olive, can I tell you a little something about ice cream?

OLIVE : Yeah.

RICHARD : Well, ice cream is made from cream, which comes from cow's milk. And cream has a lot of fat in it ...

SHERYL : Richard ...

RICHARD : What? She's gonna find out anyway, remember.

OLIVE : What? Find out what?

RICHARD : Well, when you eat ice cream, the fat in the ice cream becomes fat in your body ...

SHERYL : Richard, I swear to God ...!

RICHARD : It's true.

OLIVE : What? What's wrong?

SHERYL : Nothing, honey. Nothing's wrong.

프랭크 : 사실, 올리브. '알라모드'란 프랑스어로 '유행을 따라'란 뜻이지. '알…라…모드.' '모드'는 라틴어 '모두스'에서 유래된 말인데 '옳은 방법'이란 뜻이고.

리처드 : (끼어 들며) 프랭크, 닥쳐.

그는 휴대 전화를 닫는다.

셰 릴 : 리처드…!

프랭크는 셰릴을 바라본다. 괴롭히지 마라. 리처드는 올리브를 돌아본다.

리처드 : 올리브, 아이스크림에 대해 한 마디 할까?

올리브 : 네.

리처드 : 아이스크림은 우유에서 나온 크림으로 만든 거란다. 크림에는 지방이 무척 많지…

셰 릴 : 여보…

리처드 : 왜? 어차피 알게 될 거 아냐.

올리브 : 뭘요? 뭘 알아요?

리처드 : 아이스크림을 먹으면 그 안에 있는 지방이 네 몸에도 들어가 지방이 되어…

셰 릴 : 여보, 제발, 가만 좀 있어요…!

리처드 : 사실이야.

올리브 : 뭐? 뭐가 잘못 됐어요?

셰 릴 : 아니, 아가야. 그런 거 아냐.

- **literally**
  글자 그대로, 축어적으로, 사실상
  in a literal way

- **derive**
  (다른 것, 근원에서) 끌어내다, …에 유래를 찾다, …에 기원을 두다
  to get something from something; (technical) to obtain a substance from something

- **due**
  적당한, 당연한, 정당한
  that is suitable or right in the circumstances

I swear to God!
가만 좀 있어요!
보통 상대방이 자신이 원하지 않는 말을 지껄일 때 관심 없다고 말할 때 사용하는 표현이다.

Zoom In

I swear to God!

가만 좀 있어요!

RICHARD : So if you eat a lot of ice cream, you might become fat and if you don't, you're gonna stay nice and skinny, sweetie.

Sheryl puts her head in her hands.

OLIVE : Mom ...

GRANDPA : Olive, Richard is an idiot. I like a woman with meat on her bones.

Olive is confused.

OLIVE : I don't ... Why is everyone so upset?

SHERYL : No, no one's upset, honey. I ... I just want you to understand: It's okay to be skinny, and it's okay to be fat, if that's what you want to be. Whatever you want, it's okay.

Olive is still confused.

RICHARD : Okay. But Olive, let me ask you this. Those women in Miss America ... Are they skinny, or are they fat?

Olive hesitates.

RICHARD : Honey?

OLIVE : Well ... they're skinny, I guess.

리처드 : 그러니까 아이스크림을 많이 먹으면 뚱뚱해질 수 있단다. 안 먹으면 예쁘고 날씬해질 수 있어.

셰릴은 손으로 머리를 감싼다.

올리브 : 엄마…
할아버지 : 올리브. 아빤 바보 같은 소리 하니 무시해. 난 통통한 여자가 좋더라.

올리브는 난감하다.

올리브 : 난 도무지… 왜 다들 화를 내요?
셰 릴 : 화난 사람 없어. 이것만은 이해하기 바래. 날씬해도 좋고 뚱뚱해도 괜찮아, 네가 원하는 거라면 말야. 네가 원하는 거면 뭐든 다 괜찮아.

올리브는 여전히 어리둥절하다.

리처드 : 좋아. 하지만 올리브, 이것 하나만 묻자. 미스 아메리카에 나온 여자들 말인데… 날씬하니, 아니면 뚱뚱하니?

올리브는 주저한다.

리처드 : 어때?
올리브 : 그야… 날씬한 것 같아요.

- **skinny**
  바싹 여윈, 피골이 상접한, 날씬한
  very thin, especially in a way that you find unpleasant or ugly; (of clothes) designed to fit closely to the body

- **idiot**
  〈구어〉 얼간이, 바보, 백치
  a very stupid person; fool; a person with very low intelligence who cannot think or behave normally

Let me ask you this.
이것 하나만 물어 보자.
I'll ask you this.와 같지만 보다 더 완곡한 표현이다.

Zoom In

Let me ask you this.

이것 하나만 물어 보자.

RICHARD : Yeah. I guess they don't eat a lot of ice cream.

Sheryl rolls her eyes and tries to tell something to Richard but just then, the waitress arrives with a tray.

WAITRESS : Okay. Coffee?

She begins to serve food.

WAITRESS : Coffee, Grapefruit ...

SHERYL : Thank you.

WAITRESS : Chamomile. And here's your ice cream. "A la mod-ee," right? I'll be back with your waffles in a sec!

She departs. Olive stares at the ice cream. Finally:

OLIVE : Does anyone want my ice cream?

Sheryl and Richard look at each other.
Grandpa jumps in.

GRANDPA : Yeah, I'd like a little. Dwayne? Frank? Olive's not gonna have her ice cream.

FRANK : Do you mind if I have a little?

GRANDPA : Yeah, let's dig in.

Grandpa, Frank and Dwayne dig in.

FRANK : That looks really good.

리처드 : 그래, 아이스크림도 많이 안 먹을 거야.

셰릴은 눈을 굴리며 리처드에게 뭔가를 말하려 하지만 그때 웨이트리스가 쟁반을 들고 다가온다.

웨이트리스 : 자, 커피 어느 분이시죠?

그녀는 음식을 대접하기 시작한다.

웨이트리스 : 커피, 그레이프프루트요…
셰 릴 : 감사합니다.
웨이트리스 : 카밀레 차고요. 자, 여기 꼬마 아가씨 아이스크림. '알라모디', 맞지? 와플은 금방 가져올게!

그녀가 자리를 뜬다. 올리브는 아이스크림을 빤히 쳐다본다. 마침내.

올리브 : 내 아이스크림 먹을 사람 없어요?

셰릴과 리처드는 서로를 바라본다.
할아버지가 달려든다.

할아버지 : 좋지. 좀 먹어야지. 드웨인? 프랭크? 올리브가 아이스크림 안 먹겠대.
프랭크 : 좀 먹어도 되겠니?
할아버지 : 그래, 한 술 씩 뜨자고.

할아버지, 프랭크와 드웨인이 게걸스럽게 먹기 시작한다.

프랭크 : 정말 맛있어 보인다.

- **tray**
  쟁반, 쟁반 모양의 접시, 요리를 담은 접시
  a flat piece of wood, metal or plastic with raised edges, used for carrying or holding things, especially food

- **in a sec**
  금세, 순식간에, 곧, 금방
  in a second

- **dig in**
  〈구어〉 게걸스럽게 먹기 시작하다
  to start to eat food with enthusiasm

Do you mind if I have a little?
좀 먹어도 되겠니?
Do you mind my having a little?과 같은 표현으로, 긍정의 대답으로는 No, not at all. 등이 된다.

Zoom In

Do you mind if I have a little?

좀 먹어도 되겠니?

GRANDPA : Boy! I feel sorry for anybody that doesn't wanna enjoy their ice cream so early in the morning.

Even Sheryl gets in on the act. Richard is not amused.

FRANK : Oh, that looks good.

GRANDPA : Are you sure you don't wanna have some, Olive? These waffles are gonna be awful lonely in there.

Everybody except Richard eats ice cream invitingly. Olive puts her head in her hands.

SHERYL : Um ...

Looking at Olive, she eats ice cream with much gusto.

FRANK : Watch this.

He eats a spoonful of ice-cream.

OLIVE : Wait! Stop! Don't eat it all!

Finally Olive picks up her spoon, fights them off. She takes a bite.

RICHARD : All right, Olive ...

SHERYL : Richard ...!

She glares at him, ferocious. Richard shuts up.

할아버지 : 야! 이걸 못 먹다니. 이른 아침 이 좋은 아이스크림을 말이야.

셰릴조차 그들에게 가담한다. 리처드는 즐겁지 않다.

프랭크 : 아, 맛있다.

할아버지 : 정말 안 먹을래, 올리브? 와플이 꽤나 외로워할 텐데.

리처드를 제외한 모두가 아이스크림을 마음이 동하게 먹는다. 올리브는 손으로 머리를 감싼다.

셰 릴 : 음…

올리브를 보면서 그녀는 아주 맛있게 아이스크림을 먹는다.

프랭크 : 이거 봐요.

그는 한 숟가락 가득 아이스크림을 먹는다.

올리브 : 잠깐! 그만! 다 먹지 마요!

마침내 올리브는 숟가락을 들고는 그들을 물리친다. 그녀는 한 입 먹는다.

리처드 : 좋아, 올리브…

셰 릴 : 여보…!

그녀는 사납게 남편을 노려본다. 리처드는 말문을 닫는다.

- **invitingly**
  유혹적으로, 마음이 동하듯이, 맛있어 보이며
  - inviting
    좋아 보이는, 맛있어 보이는, 마음을 끄는
    making you want to do, try, taste, etc. something; attractive
- **gusto**
  즐김, 기호, 맛있음
  enthusiasm and energy in doing something
- **ferocious**
  사나운, 흉포한, 지독한
  very fierce, violent or aggressive; very strong

MOVIE TALK

로드 무비(Road Movie)란 무엇인가?

〈리틀 미스 선샤인〉은 로드 무비의 전형이다. 그렇다면 로드 무비란 무엇을 말하는 것일까?

로드 무비란 말 그대로 길 위를 움직이며 여행을 하면서 전개되는 영화 장르이다. 즉, 인물들(보통은 두 사람)이 어디론가 정처 없이 가면서 겪게 되는 일들을 소재로 삼는 영화다. 그런 영화는 자동차와 같은 교통수단을 이용해 여행하면서 벌어지는 이야기가 중심이 되며, 트레킹 숏, 광활하고 황량한 공간들로 표징이 된다. 이는 1960년대 이후 뉴 시네마의 영향으로 영화사의 주요한 흐름으로 등장했지만 그 장르의 기원은 서사적 여행의 '이야기'에서 찾을 수 있다. 대표적인 것으로는 고대 그리스의 작가 호메로스가 쓴 서사시 〈일리아드〉, 〈오디세이〉를 들 수 있으며, 오늘날의 각본가들은 이를 관례적인 플롯으로 사용하고 있다. 그것은 일종의 교양 소설(주인공의 정신적, 정서적 성장을 다룬 것)로 거기에서 인물들은 스토리가 진행됨에 따라 변하며 성장하고 개선된다. 일종의 개척자 정신에 관한 것으로 인물들은 여행을 통해 보통 자기 발견을 하며 자기 인식을 획득하게 된다. 현대의 로드 무비와 영화 제작자의 관계는 과거의 영웅적 탐구와 중세의 작가의 관계와 같다고 볼 수 있다.

이런 플롯은 미국 영화의 탄생에서 사용되었지만 제2차 세계 대전 이후에 만개하여 전후 미국의 자동차에 의한 이동성과 젊은이 문화의 꽃을 반영했다. 그렇더라도 로드 무비를 하나의 장르로서 인식하게 된 것은 1960년대에 들어와 〈이지 라이더〉와 〈보니와 클라이드〉의 등장으로부터다.

LITTLE MISS SUNSHINE

그들의 선조격인 작품들처럼, 로드 무비는 에피소드적 구조를 갖는 경향이 있다. 각 에피소드에는, 비록 그것들이 다 성공적으로 끝나지는 않더라도, 도전을 만나게 된다. 대부분의 에피소드에는 플롯이 나타나는데 바로 인식과 결연 등의 성취가 그것이다. 여기서 중요한 것은 길이라는 것을 어떤 '곳'에 소속되지 않은 열려 있음으로 보며, 길을 가는 것을 무언가를 발견해 가는 과정의 메타포로 쓴다는 데 있다. 때로 〈어둠의 심장〉처럼 이런 과정이 전도되어 각 에피소드가 성취보다는 상실을 나타내기도 한다. 로드 무비는 전통적으로 다음 네 가지 중의 하나로 끝난다.

1. 인물들의 최종 목적지에서 승리를 맞이한 후 주인공(들)은 그들의 경험으로 인해 더 현명해진 채 귀가한다.
2. 여행의 끝에서 주인공(들)은 그들의 목적지에서 새로운 집을 발견한다.
3. 여행이 끝없이 계속된다.
4. 그들 여행의 결과로 집에 갈 수 없다는 것을 알게 된 후 주인공(들)은 죽음을 선택하거나 아니면 죽음을 당하게 된다.

좀 더 근래의 예로는 〈텔마와 루이스〉(1991)가 있는데 결국 이런 영화들은 떠돌이 생활을 기본적 배경으로 삼았던 '웨스턴'의 맥을 잇는 장르라고도 볼 수 있을 것이다.

Chapter 4

모두들, 밀어!

Everybody, Push!

시간 00:29:02 ~ 00:36:23

43. EXT. PARKING LOT. DAY

Richard—anxious—listens to a greeting on his cell phone.

RICHARD : (into phone) Hey, Stan!

Just then a big truck passes by blowing a horn loudly.
It irritates Richard.

RICHARD : Stan? It's Richard. Again. Listen, I know you're busy, but we're just dying to hear what sort of numbers you came up with in Scottsdale. So give me a call, please.

He clicks off as Sheryl, Olive and the others exit the diner.

43. 외부. 주차장. 낮

리처드는 근심스럽게 휴대 전화에서 나오는 인사말에 귀를 기울인다.

리처드 : (전화에다) 이봐요, 스탠!

바로 그때 큰 트럭 한 대가 큰 소리로 경적을 울리며 지나간다. 그것은 리처드를 짜증나게 한다.

리처드 : 스탠? 나야, 리처드. 이보게. 바쁜 줄은 알지만 결과가 너무 궁금해서 죽을 지경이네. 스카츠데일에서 얼마로 제안했는지 결과를 알려줘.

그는 셰릴, 올리브 그리고 나머지 식구들이 식당을 나오자 전화를 끊는다.

- **horn**
  (자동차 등의) 경적, 뿔 피리, 각적
  a hard pointed part that grows, usually in pairs, on the heads of some animals, such as sheep and cows. Horns are often curved
- **irritate**
  짜증나게 하다, 흥분시키다, 화나게 하다
  to annoy somebody, especially by something you continuously do or by something that continuously happens
- **come up with**
  …을 제안하다

SHERYL : Hey, did you get him?

RICHARD : No. I can't get a signal out of this thing.

SHERYL : Oh ... (sighs) .

They trudge across the parking lot to the VW bus.

OLIVE : How long till we get there?

RICHARD : A long time, honey.

OLIVE : I know, but how long?

RICHARD : Well, we've gotta do 600 miles of driving today and 200 tomorrow. That's a lot of driving. Let's go!

SHERYL : Honey, I'll drive for a while.

RICHARD : No, no. I got it.

SHERYL : No, you're right. I've gotta learn how to do this. I mean, you're doing it. How hard can it be?

44. EXT. VW BUS. PARKED. DAY

We can see Sheryl sitting in the driver's seat. She is trying to back up the bus. She's grinding gears.

RICHARD : Push the stick down harder.

SHERYL : I'm pushing hard!

RICHARD : Okay, okay, there you go. Now push the clutch in all the way to the floor.

SHERYL : It's on the floor!

She tries again, but it doesn't work.

셰 릴 : 이봐, 그와 연락됐어?
리처드 : 아니, 신호가 안 잡혀.
셰 릴 : 아… (한숨 짓는다)

그들은 주차장을 가로질러 폭스바겐 버스로 터덜터덜 걸어간다.

올리브 : 거기 가려면 얼마나 걸려?
리처드 : 한참 더.
올리브 : 알아요, 정확히 얼마나요?
리처드 : 오늘 600마일을 가야 하고 내일 200마일을 가야 하니까 아주 멀지. 가자고!
셰 릴 : 여보, 내가 좀 운전할게.
리처드 : 아니, 괜찮아.
셰 릴 : 아뇨, 당신 말이 옳아. 언젠가는 나도 배워야 하잖아. 자기도 하는데 뭐 어려울라고?

44. 외부. 폭스바겐 버스. 주차됨. 낮
셰릴이 운전석에 앉아 있는 것이 보인다. 그녀는 버스를 후진시키려고 애를 쓴다. 그녀는 기어를 삑삑 소리 나게 한다.

리처드 : 기어를 더 세게 아래로 내려.
셰 릴 : 세게 밀고 있잖아!
리처드 : 그렇지, 그렇지, 자. 이제 클러치를 바닥 끝까지 밟으면 돼.
셰 릴 : 끝까지 밟은 거 안 보여?

그녀는 다시 시도하지만 시동이 걸리지를 않는다.

- **trudge**
  터벅터벅[터덜터덜] 걷다
  to walk slowly or with heavy steps, because you are tired or carrying something heavy

- **grind**
  갈다, (기어, 바퀴 등이) 삐걱거리다, 삑삑 소리 나게 하다
  to break or crush something into very small pieces between two hard surfaces or using a special machine

- **clutch**
  (자동차의) 클러치, 연축기
  the pedal in a car or other vehicle that you press with your foot so that you can change gear

How long till we get there?
거기 가려면 얼마나 걸려요?
How long does it take till we get there?가 줄어든 표현이다.

Zoom In

How long till we get there?

거기 가려면 얼마나 걸려요?

SHERYL : It's on the floor!

45. INT. VW BUS. DAY
Later.
This time, Richard tries. He keeps grinding gears as well. It's a horrible sound. Sheryl stands outside.

RICHARD : That is a sticky one there.

SHERYL : Push down hard.

46. EXT. SERVICE STATION GARAGE. DAY
We can see a service station garage beside the road.

STONEY : (V.O.) Well, you got a problem.

47. INT. SERVICE STATION GARAGE. DAY
Richard and Sheryl talk to a mechanic whose shirt-tag reads, "Stoney."

STONEY : Your clutch is shot.

RICHARD : Can we get a new one?

STONEY : These old buses ... you have to order the part.

RICHARD : How long does it take?

STONEY : Well, it's the weekend. So ... maybe Thursday?

48. EXT. SERVICE STATION GARAGE. DAY
Olive plays rolling a tire around. Grandpa watches her sitting on some tires.

셰 릴 : 끝까지 갔다고!

45. 내부. 폭스바겐 버스. 낮
그 후.
이번에는 리처드가 시도한다. 그 또한 기어를 계속해서 삑삑거리게 만든다. 듣기에 끔찍한 소리다. 셰릴은 밖에 서 있다.

리처드 : 꿈쩍도 안 하는군.
셰 릴 : 더 세게 내려.

46. 외부. 주유소 정비소. 낮
길 옆에 주유소 차고가 보인다.

스토니 : (목소리) 문제가 있긴 하군요.

47. 내부. 주유소 정비소. 낮
리처드와 셰릴이 셔츠 위의 이름표에 '스토니'라고 쓰여 있는 한 정비사와 이야기를 나눈다.

스토니 : 클러치가 나갔어요.
리처드 : 새로 바꿀 수 있나요?
스토니 : 구형이라 주문을 해야 됩니다.
리처드 : 얼마나 걸리는데요?
스토니 : 오늘이 주말이니까. 그럼… 다음 목요일 즈음?

48. 외부. 주유소 정비소. 낮
올리브가 타이어를 굴리면서 놀고 있다. 할아버지는 타이어 위에 앉아 그녀를 지켜본다.

- **sticky**
(기계 등이) 작동이 잘 안 되는, 들러붙는, 하기 힘든
made of or covered in a substance that sticks to things that touch it

- **garage**
수리 공장, 수리소, 정비소
a place where vehicles are repaired and where you can buy a car or buy petrol/gas and oil

- **mechanic**
수리공, 정비사
a person whose job is repairing machines, especially the engines of motor vehicles

Your clutch is shot.
클러치가 아주 못 쓰게 됐군요.
shot은 구어로 '(물건, 기계 등이) 아주 못 쓰게 된, 몹시 지친, 나간'의 뜻이다.

Zoom In

Your clutch is shot.

클러치가 아주 못 쓰게 됐군요.

49. INT. SERVICE STATION GARAGE. DAY

Richard walks towards the door feeling at a loss what to do now. He moans in distress.
Sheryl and the mechanic follow him.

RICHARD : Is there a dealership around here?

STONEY : Well, they're probably gonna be closed. It's the weekend, you know.

RICHARD : Yes, we're aware of that.

Silence.
The mechanic feels bad for them.

STONEY : I tell you what. You know these ... these old buses? You don't need the clutch to change from the third to the fourth. You only really need the clutch to go from number one to number two.

Richard and Sheryl don't understand what he's getting at.
Frank wanders in.

STONEY : But as long as you keep parkin' on a hill, and you let it go, and it goes 15, 20 miles per hour, you start it in third, and then you go from third to fourth.

Grandpa wanders in.

RICHARD : What if you're not on a hill? There's no hill? What if there's no hill? What do you ...?

49. 내부. 주유소 정비소. 낮

리처드는 어떻게 할지 몰라 문 쪽으로 걸어간다. 그는 괴로워 신음한다.
셰릴과 그 정비사가 뒤를 따른다.

리처드 : 이 근처에 차량 판매점 없어요?

스토니 : 아마 닫았을걸요. 아시다시피, 주말이니까요.

리처드 : 네, 그건 알고 있어요.

침묵.
그 정비사는 그들이 안됐다고 생각한다.

스토니 : 실은 말이죠. 이런 구형 차량들 아시잖아요? 3단에서 4단으로 바꿀 때 클러치가 필요 없어요. 1단에서 2단으로 바꿀 때만 클러치가 필요하죠.

리처드와 셰릴은 그가 무슨 말을 하는지 이해하지 못한다.
프랭크가 어슬렁거리며 들어온다.

스토니 : 하지만 언덕에 주차하고 그대로 굴러가게 하면 시속 15, 20 마일은 갑니다. 처음에 3단으로 가다가 4단으로 바뀌요.

할아버지가 어슬렁거리며 들어온다.

리처드 : 언덕 위에 있는 게 아니면요? 언덕이 없으면? 언덕이 없으면? 언덕이 없다면요? 그럼 어떻게 해요…?

- **moan**
  신음하다, 끙끙대다, 불평하다
  (of a person) to make a long deep sound, usually expressing unhappiness, suffering or sexual pleasure

- **dealership**
  판매[대리]점, 특약점
  a business that buys and sells products, especially cars, for a particular company; the position of being a dealer who can buy and sell something

- **get at**
  〈의미, 진리 등을〉 파악하다, 이해하다, 명백히 하다
  to learn or find out something

What if you're not on a hill?
언덕 위에 있지 않다면 어쩌죠?
What would happen if you're not on a hill?이 준 표현이다.

Zoom In

What if you're not on a hill?

언덕 위에 있지 않다면 어쩌죠?

The mechanic considers this. He squints his eyes and runs his tongue back and forth across his teeth.

STONEY : Hey, it's ...

He looks around at Richard's family—Grandpa, Dwayne, Frank. They all stare at the mechanic. Stoney smiles. He knows what they should do.

50. EXT. VW BUS. DAY

Richard opens the sliding door.

RICHARD : Olive? Dad? I want you in the car first.

Everyone else, including Stoney, is behind the bus.

OLIVE : I know. We know.

RICHARD : All right. Here we go!

Everyone is ready to push the bus.

RICHARD : Everybody push!

They all push. The bus starts rolling, slow at first, then faster and faster.

RICHARD : All right. Here we go! Push! Push! Okay!

FRANK : I just want everyone here to know that I'm the pre-eminent Proust scholar in the United States.

RICHARD : (V.O.) Here we go!

그 정비공은 이것을 곰곰이 생각한다. 그는 눈을 가늘게 뜨고 이빨 사이로 혀를 날름거린다.

스토니 : 이봐요, 그럼…

그는 리처드의 가족—할아버지, 드웨인, 프랭크—을 둘러본다. 그들 모두는 정비공을 바라본다. 스토니는 웃음을 짓는다. 그는 그들이 무엇을 해야 할지 안다.

50. 외부. 폭스바겐 버스. 낮
리처드는 옆문을 연다.

리처드 : 올리브? 아버지? 먼저 차에 타도록 해요.

스토니를 포함해서 나머지 모두는 버스 뒤에 있다.

올리브 : 알아요. 우리 안다고요.
리처드 : 좋아. 자, 시작한다!

모두가 버스를 밀 준비를 한다.

리처드 : 모두, 밀어!

그들 모두가 민다. 버스는 구르기 시작한다. 처음에는 천천히 가다가 점점 더 빨리 움직인다.

리처드 : 좋아. 자 간다! 밀어! 밀어! 좋아!
프랭크 : 한 마디만 해 두겠는데. 내가 이래 보여도 전미 최고의 프루스트 학자야.
리처드 : (목소리) 자, 간다!

- **squint**
  곁눈질하다, 실눈으로 보다, 잠깐 보다
  to look at something with your eyes partly shut in order to keep out bright light or to see better; (of an eye) to look in a different direction from the other eye

- **sliding door**
  미닫이문, (자동차의) 슬라이딩 도어
  a door that slides across an opening rather than swinging away from it

- **pre-eminent**
  걸출한, 뛰어난, 현저한
  more important, more successful or of a higher standard than others

Here we go!
자, 시작한다!
Here goes!와 같은 표현으로 '자, 간다!, 자, 시작한다!' 등의 뜻이다.

Zoom In

Here we go!

자, 시작한다!

Sheryl laughs. Richard guns the engine and shifts from neutral to third.

51. INT. VW BUS. DAY
Richard's at the wheel of the bus.

RICHARD : I'm puttin' it in gear!

The bus is revving low but is powering itself nonetheless.

52. EXT. VW BUS. DAY
Olive runs towards the door. Grandpa is already in the van.

SHERYL : Go, honey!

GRANDPA : Come on. Come on!

RICHARD : Come on!

GRANDPA : Olive! Run! Run!

Olive runs quickly.

GRANDPA : Come on! Come on!

Olive jumps in the side door by the help of Grandpa.

RICHARD : (V.O.) Sheryl! Let's go!

Sheryl exclaims and begins to run faster than the bus and jumps in the bus.

SHERYL : Ahhh ...!

RICHARD : (V.O.) Sheryl!

셰릴은 웃는다. 리처드는 시동을 걸고 기어를 중립에서 3단으로 바꾼다.

51. 내부. 폭스바겐 버스. 낮
리처드는 버스를 운전하고 있다.

리처드 : 기어 바꾼다!

버스는 엔진이 낮게 회전하지만 그럼에도 불구하고 스스로 동력을 받는다.

52. 외부. 폭스바겐 버스. 낮
올리브가 문을 향해 달린다. 할아버지는 이미 차를 타고 있다.

셰 릴 : 뛰어, 아가!
할아버지 : 어서. 힘 내!
리처드 : 어서!
할아버지 : 올리브! 뛰어! 뛰어!

올리브는 빨리 달린다.

할아버지 : 어서! 조금만 더!

올리브는 할아버지의 도움을 받아 옆문으로 뛰어든다.

리처드 : (목소리) 셰릴! 어서!

셰릴은 소리를 지르며 버스보다 더 빨리 뛰기 시작하여 차 안으로 뛰어든다.

셰 릴 : 아아아…!
리처드 : (목소리) 셰릴!

- **neutral**
(전동 기어의) 중립 위치
the position of the gears of a vehicle in which no power is carried from the engine to the wheels

- **rev**
(내연 기관 등의) 회전 속도를 높이다, 회전 속도가 빨라지다
to speed up an engine

- **van**
유개 운반차
a covered vehicle with side windows, usually smaller than a lorry/truck, that can carry about twelve passengers

I'm puttin' it in gear!
기어를 바꾼다!
in gear는 '기어가 들어 가서, 기어를 넣은 상태로, 원활하게 운전하여'의 뜻이다.

Zoom In

I'm puttin' it in gear!

기어를 바꾼다!

53. INT/EXT. VW BUS. DAY
Richard sees Frank running after the van and shouts.

RICHARD : Frank, let's go!

SHERYL : (V.O.) You're losing them! Slow down! You're losing ...

GRANDPA : (to Frank) Come on! (to Richard) Slow down! Slow down!

Frank runs with all his might, but can't catch the bus.

GRANDPA : Come on, come on, come on! You dumb bastard!

RICHARD : (V.O.) I can't slow down. I can't slow down.

Just then Dwayne follows to help Frank.

GRANDPA : Let's go!

SHERYL : (V.O.) Come on!

Dwayne gets behind Frank and pushes him up alongside the bus. Frank dives in.

GRANDPA : Come on, come on! Get in!

Finally Dwayne dives after Frank.
Sheryl shouts for joy.

FRANK : (V.O.) No one gets left behind! No one gets left behind!

The van speeds along the road, leaving Stoney behind.

53. 내부/외부. 폭스바겐 버스. 낮
리처드는 프랭크가 차 뒤에서 뛰고 있는 것을 보고 소리친다.

리처드 : 프랭크, 빨리!
셰 릴 : (목소리) 걔들 놓치겠어! 속도 줄여! 놓치겠다고…
할아버지 : (프랭크에게) 어서! (리처드에게) 속도 줄여! 속도 줄여!

프랭크가 전력 질주하지만 버스를 탈 수 없다.

할아버지 : 어서, 어서, 어서! 멍청아!
리처드 : (목소리) 속도를 줄일 수가 없어. 줄일 수가 없다고.

그때 드웨인이 프랭크를 돕기 위해 뒤에서 달려온다.

할아버지 : 어서 가자고!
셰 릴 : (목소리) 빨리!

드웨인은 프랭크 뒤에 서서 버스 옆으로 그를 밀친다. 프랭크는 뛰어든다.

할아버지 : 어서, 어서! 올라 타!

마침내 드웨인은 프랭크 다음에 뛰어든다.
셰릴이 기뻐서 소리를 지른다.

프랭크 : (목소리) 낙오병은 없다! 낙오병은 없다고!

차는 스토니를 뒤에 남겨둔 채 길을 따라 속도를 낸다.

- **slow down**
  속도를 늦추다[줄이다]
  to go or to make something or somebody go at a slower speed or be less active

- **might**
  힘, 세력
  great strength, energy or power

- **bastard**
  〈속어〉 새끼, 녀석, 개자식
  used to insult somebody, especially a man, who has been rude, unpleasant or cruel; a word that some people use about or to somebody, especially a man, who they feel very jealous of or sorry for

No one gets left behind!
아무도 뒤에 남겨두지 않았다!
We've got no one left behind!의 뜻이다.

Zoom In

No one gets left behind!

아무도 뒤에 남겨두지 않았다!

54. INT. VW BUS. DAY
Frank is panting. Dwayne shuts the door.

FRANK : Outstanding, soldier! Outstanding!

He salutes Dwayne. Dwayne smiles.
Everyone cheers.

FRANK : (laughing) Outstanding.

GRANDPA : (to Olive) Was that fun?

OLIVE : Yeah.

She laughs.

55. EXT. COUNTRYSIDE. DAY
The bus continues running. The sky is blue.

56. INT. VW BUS. DAY
Olive does a picture puzzle wearing the headphones. Grandpa sleeps. Dwayne looks out of the window.

57. INT/EXT. VW BUS. DAY
Driving montage.
The scenery goes by.
The VW drives along the road.
The VW drives an on-ramp onto the Interstate. A sign says: "74 Carefree Hwy."
Inside the bus, Grandpa is doing magic tricks for Olive. They look very happy.
Sheryl looks at them and smiles.
Dwayne and Frank are silent.
The VW cruises down I-40. Signs pass. They show.
"West: Los Angeles. South: Phoenix. North: Flagstaff."
Moments later.
The bus continues running.

54. 내부. 폭스바겐 버스. 낮
프랭크는 숨을 헐떡인다. 드웨인은 문을 닫는다.

프랭크 : **대단했어, 병사! 대단했다고!**

그는 드웨인에게 경례를 한다. 드웨인은 웃는다.
모두가 환성을 지른다.

프랭크 : (웃으면서) **대단해.**
할아버지 : (올리브에게) **재미있었니?**
올리브 : **네.**

그녀는 웃는다.

55. 외부. 시골. 낮
버스는 계속 달린다. 하늘은 푸르다.

56. 내부. 폭스바겐 버스. 낮
올리브는 헤드폰을 쓰고 그림 맞추기 게임을 한다. 할아버지는 잠 자고 있다. 드웨인은 창밖을 내다보고 있다.

57. 내부/외부. 폭스바겐 버스. 낮
차를 몰고 가는 몽타주.
경치가 지나간다.
폭스바겐 버스는 길을 따라 달린다.
폭스바겐 버스가 주간 간선 도로의 진입로를 달린다. 한 표지판이 '74 케어프리 간선 도로'를 말해 준다.
버스 안에는 할아버지가 올리브에게 요술의 속임수를 보이고 있다.
그들은 매우 행복해 보인다. 셰릴은 그들을 보고 웃는다.
드웨인과 프랭크는 말이 없다.
폭스바겐 버스는 I-40 도로를 달린다. 다음의 표지판이 지나간다.
'서쪽: 로스앤젤레스. 남쪽: 피닉스. 북쪽: 플래그스태프 출구'
잠시 후.
버스는 계속 달린다.

- **salute**
  경례하다
  to touch the side of your head with the fingers of your right hand to show respect, especially in the armed forces; to express respect and admiration for somebody or something
- **on-ramp**
  고속도로의 진입로
- **interstate**
  주간 간선 도로
  a large road between states
- **magic trick**
  요술의 속임수

Outstanding, soldier!
대단했어, 병사!
It's outstanding, soldier!로 군대식으로 말하는 표현이다. outstanding은 '우수한, 매우 좋은, 굉장한'의 뜻이다.

Zoom In

Outstanding, soldier!
대단했어, 병사!

RICHARD : (V.O.) So, finally I'm just sitting there, and I decide, "This is Stan Grossman. What the hell?" And I start pitching the Nine Steps. And about ... I don't know, two minutes in, he stops me, he says, "I can sell this."

58. INT. VW BUS. DAY

Richard is pitching his business to Frank, who is bored, but not as bored as he would be doing nothing. Richard, however, is in full sell mode.

FRANK : (V.O.) Hmm ... Interesting.

Sheryl yawns.

RICHARD : And this is the guy who knows how to do it. You know you start with a book, then you do a media tour, corporate events, DVD VHS series—I mean, there's a whole fascinating science into how you roll these things out.

FRANK : Wow ...!

Grandpa falls into a doze.

RICHARD : Yeah, so he's in Scottsdale right now, you know, building the buzz and kind of getting the whole hype thing going. He's doing what the pros call "a ticking clock auction."

Dwayne is not inter ested in him. Sheryl smiles.

리처드 : (목소리) 그래서 마침내 난 거기 앉아서 결정을 내린 거야. '결국 스탠 그로스먼인데, 아무려면 어때'라 생각했지. 그래서 9단계 성공법에 대해 설명을 시작했지. 2분쯤 지나자 그가 날 보더니 "내가 그걸 상품화할 수 있어"라는 거야.

58. 내부. 폭스바겐 버스. 낮
리처드는 자신의 책 이야기를 프랭크에게 설명하고 있는데 프랭크는 지겹다. 하지만 아무것도 하지 않는 것만큼은 지겹지 않다. 하지만 리처드는 완전히 판매에 열을 올리고 있다.

프랭크 : (목소리) 흠… 흥미롭네요.

셰릴은 하품을 한다.

리차드 : 그 친구는 그 분야의 권위자야. 우선 책부터 출간하고 다음엔 순회 출강, 회사급의 행사, 그리고 DVD와 비디오도 내고… 대대적인 판촉을 하는데 엄청나게 흥미로운 전략을 갖고 있는 사람이야.

프랭크 : 와…!

할아버지는 자신도 모르게 깜박 존다.

리처드 : 그럼, 그 친구 지금 스카츠데일에 있는데 상품 선전을 하면서 아주 멋진 일을 꾸미고 있지. 소위 프로들이 말하는 '최종 선전'을 하고 있는 거야.

드웨인은 그의 말에 별 관심이 없다. 셰릴은 미소를 짓는다.

- **pitch**
  강매조로 선전하다, 이야기하다
  to aim or direct a product or service at a particular group of people
- **mode**
  (일, 문제 처리 등에 관한) 특정 상태, 형태, 유형
  a particular way of doing something; a particular type of something; a particular way of feeling or behaving
- **fall into a doze**
  저도 모르게 깜박 졸다
- **buzz**
  소문, 와글와글(하는 소리), 〈속어〉 열광, 흥분
- **hype**
  〈속어〉 아주 멋진
- **a ticking clock auction**
  경매에서 마지막 초를 다투는 입찰 순간을 묘사하는 표현으로, 여기서는 최종 선전을 말한다

What the hell?
도대체 뭐가 어때? 아무려면 어때?
the hell은 what을 강조하는 표현이다. What the hell does it matter? 정도의 뜻이다.

Zoom In

What the hell?

도대체 뭐가 어때?

FRANK : Ho ...! How about that ...!

Richard looks at him through the mirror.

RICHARD : Yeah, and I can detect that note of sarcasm there, Frank ...

FRANK : What sarcasm?! I didn't ... I didn't hear ...

RICHARD : ... But I just want you to know something. I feel sorry for you.

FRANK : You do? Good.

RICHARD : Yeah, I do. Because sarcasm is the refuge of losers.

FRANK : It is?! Really?!

RICHARD : Yep. Sarcasm is losers trying to bring winners down to their level. That's Step Four in the program.

FRANK : Wow, Richard. You've really opened my eyes to what a loser I am. How much do I owe for those pearls of wisdom?

RICHARD : Oh, that one's on the house, buddy.

FRANK : It is?

RICHARD : Yeah, it's on the house ...

SHERYL : Okay, you guys. That's enough.

RICHARD : That was on the house.

Grandpa wakes up at the noise.
Richard and Frank raise their voice.

FRANK : That was for free?

프랭크 : 와…! 대단한 걸…!

리처드는 거울을 통해 그를 본다.

리처드 : 그럼, 한데 그 말에 비꼬는 말투가 엿보이던데, 프랭크…
프랭크 : 비꼬다니?! 천만에… 천만에…
리처드 : …한 가지만 말해 두지. 매제가 정말 안됐어.
프랭크 : 그래요? 다행이네.
리처드 : 그래, 실패자는 남을 비꼬면서 위안을 삼거든.
프랭크 : 그래요?! 정말?!
리처드 : 그럼. 빈정거림이란 승자를 패배자의 위치로 끌어내리려는 거니까. 그게 내 프로그램에서 4단계지.
프랭크 : 와, 매형. 내가 실패자란 걸 알려 주다니 그런 지혜의 정화에 대해 수수료를 얼마나 주면 될까?
리처드 : 아, 그건 공짜로 해주지, 친구.
프랭크 : 그래요?
리처드 : 그래, 공짜…
셰 릴 : 됐어요, 다들 제발 그만들 해요.
리처드 : 선심 쓴 셈 칠게.

할아버지가 그 소음을 듣고 잠에서 깬다.
리처드와 프랭크는 목소리를 높인다.

프랭크 : 그게 공짜라고요?

- **detect**
  간파하다, 인지하다
  to discover or notice something, especially something that is not easy to see, hear, etc.

- **sarcasm**
  비꼼, 풍자, 빈정거림
  a way of using words that are the opposite of what you mean in order to be unpleasant to somebody or to make fun of them

- **refuge**
  피난처, 도피처, 은신처
  shelter or protection from danger, trouble, etc.

- **pearl of wisdom**
  지혜의 정화

That one's on the house.
그건 무료야.
on the house는 '(비용을) 주최자[회사, 술집] 부담으로, 거저, 무료로'의 뜻이다.

Zoom In

That one's on the house.

그건 무료야.

SHERYL : Frank ... Stop it.

RICHARD : No charge.

SHERYL : Stop it!

FRANK : He started it!

Richard maintains a steely composure. Then Richard's cell phone goes off: Beeeep-beeeep.

RICHARD : Oh, wait a second.

He checks the number.
Sheryl looks back at Frank laughing a little.

SHERYL : You're so bad!

RICHARD : (to Sheryl) Hey, hey! Quiet. This is it. This is that call.

He clicks the phone.

RICHARD : Hello? Stan? Stan?

No answer.

59. EXT. CONVENIENCE STORE/PHONE BOOTH. DAY
Richard is in a phone booth at a gas station/mini-mart. The bus is parked on a slight incline. Richard drops a coin in the slot and dials.

RICHARD : Stan Grossman. Richard Hoover. (laughing) Finally!! How you doing? No, I know. We were on the highway and I lost you on my cell. Forget about it. How'd we do?

셰 릴 : 프랭크… 그만해.
리처드 : 공짜라니까.
셰 릴 : 그만해요!
프랭크 : 매형이 시작했어!

리처드는 강철같이 차가운 침착함을 유지한다. 그때 리처드의 휴대 전화가 터진다. 삐삐.

리처드 : 아, 잠깐만.

그는 번호를 확인한다.
셰릴은 약간 웃으면서 프랭크를 돌아본다.

셰 릴 : 네가 나빠!
리처드 : (셰릴에게) 이봐, 이봐! 조용히 해. 바로 이거야. 중요한 전화야.

그는 전화기를 연다.

리처드 : 여보세요? 스탠? 스탠?

대답이 없다.

59. 외부. 편의점/ 공중전화 박스. 낮
리처드는 주유소/편의점에 있는 공중전화 박스에 있다. 버스는 약간 경사진 곳에 주차되어 있다. 리처드는 전화에다 동전을 집어넣고 다이얼을 돌린다.

리처드 : 스탠 그로스먼. 리처드 후버야. (웃으면서) 드디어 연결되다니!! 어떻게 돼가? 아냐, 간선도로라서 신호가 잘 안 잡혔어. 잊어버려. 일은 어때?

- **steely**
(강철처럼) 굳은, 무정한, 냉혹한, 몹시 엄격한
(of a person's character or behavior) strong, hard and unfriendly

- **composure**
침착, 평정
the state of being calm and in control of your feelings or behavior

- **minj-mart**
식품 잡화점, 편의점

No charge.
무료야.
charge는 '청구 금액, 요금, 대금, 비용'의 뜻으로, Free of charge.의 의미이다.

Zoom In

No charge.
무료야.

He listens. Gradually, his face falls.

60. EXT. VW BUS. DAY

Sheryl gets off the bus.

SHERYL : (to Olive) Honey, I'm gonna use the ladies' room. You need to go?

OLIVE : No. I'm gonna go practice my routine over there.

She comes out.

SHERYL : Okay. Well, don't go too far.

They both wander off.

RICHARD : (V.O.) Well, I think we just gotta talk to him a little. No, you gotta talk to ...

Dwayne is doing push-ups on the grass nearby.

RICHARD : (V.O.) No, Stan, listen to me. Hold on, now.

FRANK : (To Grandpa) I'm going to get something to drink. You want anything?

GRANDPA : What? Yeah. Get me some porn.

FRANK : (chuckling) Okay.

Grandpa pulls out his wallet.

그는 귀를 기울인다. 점차 그의 얼굴이 어두운 표정이 된다.

60. 외부. 폭스바겐 버스. 낮
셰릴이 버스에서 내린다.

셰 릴 : (올리브에게) 얘야, 엄만 화장실 갈 건데, 너도 갈래?

올리브 : 아니. 난 저쪽에서 연습할래.

그녀가 내린다.

셰 릴 : 그래. 너무 멀리 가진 마.

그들은 어슬렁거리며 사라진다.

리처드 : (목소리) 조금만 더 설득해 봐. 아니, 설득해야 해…

드웨인은 근처 잔디밭에서 팔 굽혀 펴기를 하고 있다.

리처드 : 그래도… 스탠, 내 말 들어봐. 잠깐.

프랭크 : (할아버지에게) 마실 거 좀 사러 갈 건데, 뭐 원하는 것 있으세요?

할아버지 : 뭐? 그래. 포르노 잡지나 사오게.

프랭크 : (혼자 웃으며) 알았어요.

할아버지는 지갑을 꺼낸다.

■ porn
〈구어〉 포르노, 도색물(영화, 책 등) (= porno)
pornography; books, videos, etc. that describe or show naked people and sexual acts in order to make people feel sexually excited, especially in a way that many other people find offensive

■ wallet
(접게 된 가죽제의) 지갑
a small flat folding case made of leather or plastic used for keeping paper money and credit cards in

Hold on, now.
자, 잠깐.
명령법으로 '서라, (전화 등을 끊지 말고) 기다려'라는 뜻의 관용 표현이다.

Zoom In

Hold on, now.

자, 잠깐.

GRANDPA : Get me something really nasty, too. I don't want any of that airbrushed shit.

FRANK : (smiling) Okay.

GRANDPA : Okay, here's a twenty. Get yourself a little treat, too. Get yourself a fag-rag.

He gives the money to Frank.

FRANK : (chuckling) All right. I will.

He takes the twenty and heads off.

할아버지 : 아주 섹시한 걸로 사다 줘. 예쁘게 폼만 잡은 것 말고.

프랭크 : (웃으면서) 알았어요.

할아버지 : 좋아, 여기 20달러니까 자네 것도 사. 동성 연애 잡지 같은 거 말야.

그는 프랭크에게 돈을 건넨다.

프랭크 : (킬킬 웃으며) 좋아요. 그러죠.

그는 20달러를 받아서 자리를 뜬다.

▪ **nasty**
음란한, 불쾌한, 더러운, 외설적인
very bad or unpleasant; unkind; dangerous or serious; offensive; in bad taste

▪ **airbrush**
(사진 수정, 도료 분무용의) 에어 브러시로 뿜어 칠하다, 수정하다

▪ **fag**
〈속어, 경멸〉 동성 연애자(남자)
an offensive word for a homosexual man

▪ **rag**
〈경멸〉 신문, 잡지
a piece of old, often torn, cloth used especially for cleaning things; a newspaper that you believe to be of low quality

Chapter 5

전 패배자가 되기 싫어요

I Don't Wanna Be a Loser

시간 00:36:24 ~ 00:48:17

61 . INT. CONVENIENCE STORE. DAY

Frank stands at the counter, pointing out behind-the-counter magazines to a middle-aged proprietor.

FRANK : Uh ... That one. Yes. That one. And I would like that one. No, down. Yes. Yes. Yes, I would like that one. And uh ... I will have a blue raspberry Slushee.

By the front window, an extremely good-looking young man, Josh, is perusing the newsstand, cradling a grocery bag. He stops and stares.

JOSH : Frank ...?

Frank turns.

JOSH : Oh, my God! How are you?

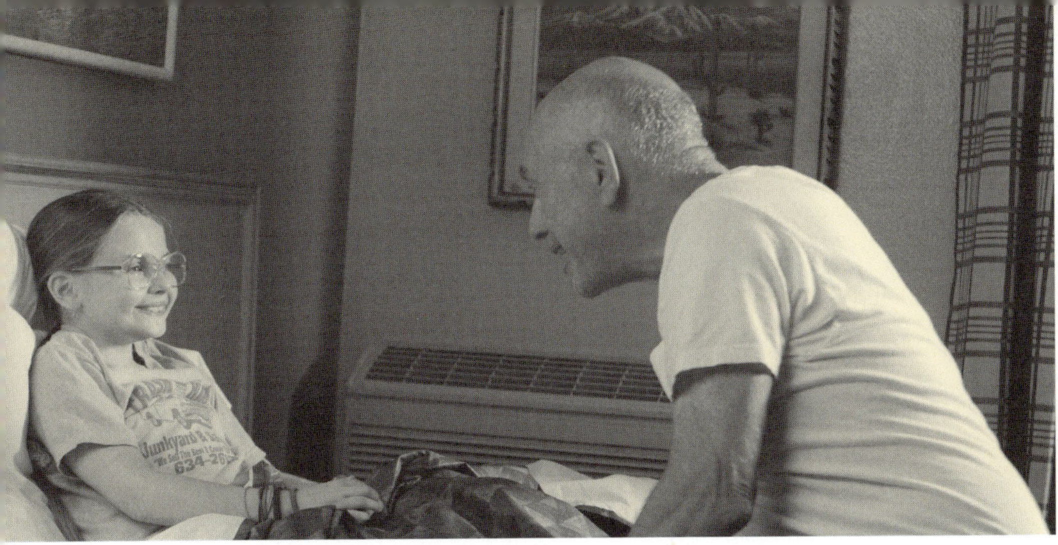

61. 내부. 편의점. 낮
프랭크는 카운터에 서서 중년의 주인에게 카운터 뒤에 있는 은밀한 잡지들을 가리킨다.

프랭크 : 저… 저거요. 네. 그거. 그리고 저것하고 그 아래 것도요. 네, 저것도 주세요. 그리고 어… 블루 라즈베리 슬러시 주세요.

전면의 창문 옆에 아주 잘생긴 젊은이인 조시가 식료품 백을 들고 신문 판매대를 살피고 있다. 그가 동작을 멈추고 프랭크를 바라본다.

조 시 : 프랭크…?

프랭크가 돌아선다.

조 시 : 맙소사! 잘 있었어요?

- **behind-the-counter**
  카운터 뒤에 있는
- **proprietor**
  주인, 소유자
  the owner of a business, a hotel, etc.
- **peruse**
  잘 살펴보다, 정독하다
  to survey or examine in detail; to read something, especially in a careful way
- **cradle**
  살짝 안다, 양손으로 안듯이 들다
  to hold somebody or something gently in your arms or hands

FRANK : (hesitates) Uh ...

They are startled to see each other. Frank puts his arms behind his back, hiding his bandages.

JOSH : I thought you were gonna be in Santa Fe for the conference. I was looking for you ...!

FRANK : Aren't you supposed to be in New Haven?

JOSH : Yeah. Well, you heard about Larry and the whole genius thing, right?

FRANK : Yeah.

JOSH : (jocular "air quotes") "It's official."

FRANK : Oh, good.

JOSH : (laughing) So we're going to this private spa in Sedona for a week, and then, uh ...

FRANK : Larry's here ...?!

JOSH : Yeah. He's out filling the tank. He's ...

FRANK : (looking out) Oh! Yeah. There he is.

JOSH : Wow, I can't believe this! How've you been?

FRANK : I've been fine.

He puts on a feigned smile.

JOSH : Good. Good. You know, I heard that you got fired.

FRANK : Yeah. No. I quit, because enough is enough, you know.

JOSH : Right. Good. Good. So, what're you up to now?

프랭크 : (주저한다) 어…

그들은 놀라 서로를 쳐다본다. 프랭크는 팔을 등 뒤로 돌리면서 자신의 붕대를 숨긴다.

조 시 : 샌타페이에서 열리는 집회에 참가할 줄 알고 찾았었어요…!

프랭크 : 뉴헤이븐에 있어야 하는 거 아니었어?

조 시 : 그래요. 저, 래리가 천재상 수상한 건 알고 있죠?

프랭크 : 그럼.

조 시 : (익살 맞은 '허공의 인용 부호') "이젠 공식적인 사실이죠."

프랭크 : 아, 잘 됐네.

조 시 : (웃으며) 그래서 둘이 세도나에서 일주일 간 온천이나 하며 머리 좀 식히러 가려고요.

프랭크 : 래리도 여기 있어…?!

조 시 : 네. 지금 기름 넣는 중이에요. 그는…

프랭크 : (밖을 내다보며) 아! 예. 저기 있네.

조 시 : 세상에, 놀랍군요! 잘 지내셨어요?

프랭크 : 잘 지냈지.

그는 거짓 웃음을 웃는다.

조 시 : 그래. 그랬구나. 참, 해고됐다는 소식은 들었어요.

프랭크 : 그래. 아냐. 그 정도면 충분해서 내가 그만둔 거야.

조 시 : 맞아요. 그랬군요. 그럼 지금은 뭐 해요?

▪ **jocular**
익살 맞은, 우스꽝스러운
humorous; (of a person) enjoying making people laugh

▪ **air quotes**
허공의 인용 부호(어떤 말을 액면 그대로 받아들이지 말라는 신호로 손가락으로 허공에 표시함)

▪ **feigned**
거짓의, 허위의, 꾸민, 가공의
• feign
…인 체하다, 가장하다, 꾸며대다
to pretend that you have a particular feeling or that you are ill, tired, etc.

I quit, because enough is enough.
그 정도면 충분해서 내가 그만둔 거야.
Enough is enough.는 '그 정도면 충분하다(이젠 그만두자), 그쯤 해 둬라' 등의 뜻이다.

Zoom In

I quit, because enough is enough.

그 정도면 충분해서 내가 그만둔 거야.

FRANK : Um ... I'm weighing my options, and um ... just, you know, taking some time off, and so ...

JOSH : Great. That's great.

PROPRIETOR : (V.O.) $19.79, sir.

We can see three porn magazines on the counter.
Josh tries to glance at the magazines but Frank leans aside to hide the magazines. An excruciating pause.

FRANK : So ...

But Frank and Josh see the magazines.
Josh looks surprised.

JOSH : Well, it's great to see you.

FRANK : Yeah. You too.

JOSH : Take care of yourself.

FRANK : You too. Bye.

Josh turns and exits. Frank hands over a $20 bill.
He watches Josh walk off while the proprietor puts the magazines in a black wrapper and hands Frank his change.
Frank takes a few steps and peers out the window.
His POV–Josh gets into a Jaguar convertible driven by a distinguished-looking bearded man.
Josh says something and points back at the store. Josh and the bearded man exchange a few words, then shrug and laugh.
Frank hides bending himself forward.

PROPRIETOR : (V.O.) Hey. You forgot your Slushee!

프랭크 : 음… 이것저것 생각해 보는 중이야. 휴식도 취하면서.
조 시 : 잘 됐네요. 그거 잘 됐네요.
상점 주인 : (목소리) 19달러 79센트입니다, 손님.

카운터 위에는 3권의 포르노 잡지가 놓여 있다.
조시는 그 잡지를 흘끗 보려고 하지만 프랭크는 잡지를 숨기기 위해 옆으로 몸을 숙인다. 몹시 괴로운 휴지.

프랭크 : 그럼…

하지만 프랭크와 조시는 그 잡지를 본다.
조시는 놀란 표정이다.

조 시 : 만나서 반가웠어요.
프랭크 : 그래, 나도.
조 시 : 몸조심하고요.
프랭크 : 너도. 안녕.

조시는 돌아서 나간다. 프랭크는 20달러 짜리 지폐를 건넨다.
그는 상점 주인이 검은 봉지에 잡지를 넣고 거스름돈을 내미는 동안 조시가 걸어가는 것을 지켜본다.
프랭크는 몇 발자국 걸어가 창밖을 엿본다.
그의 시점—조시가 유명해 보이는 수염 난 남자가 모는 재규어 무개차에 탄다.
조시가 뭔가를 말하면서 상점을 가리킨다. 조시와 수염 난 남자는 몇 마디 말을 주고받고는 어깨를 으쓱하며 웃는다.
프랭크는 몸을 앞으로 숙여 숨는다.

상점 주인 : (목소리) 이봐요. 슬러시 깜박하셨네요!

- **excruciating**
  극심한 고통을 주는, 몹시 괴로운, 견딜 수 없는
  extremely painful
- **convertible**
  지붕을 접을 수 있게 한 자동차, 무개차
  a car with a roof that can be folded down or taken off
- **distinguished**
  두드러진, 저명한, 수훈의, 뛰어난
  very successful and admired by other people; having an appearance that makes somebody look important or that makes people admire or respect them

I'm weighing my options.
이것저것 생각해 보는 중이야.
weigh one's options는 '선택 사항들을 저울질해 보다[심사숙고해 보다]'의 뜻이다.

Zoom In

I'm weighing my options.
이것저것 생각해 보는 중이야.

Then they drive off. Frank watches, heartbroken.
Frank turns to pick up the Slushee.

62. EXT. PHONE BOOTH. DAY
Richard is grasping at straws.

RICHARD : You're in Scottsdale right now, right? Okay. I can come by. I'm gonna be coming through there. I could swing right by. We could ...

He bangs the phone booth angrily.

63. INT. VW BUS. DAY
Dwayne reads the book.
Grandpa reads Richard's body language.

GRANDPA : Christ. He's not getting it.

He sighs and lowers his head.
Richard, in the booth, talks with increasing desperation.

RICHARD : (V.O.) Did you talk to him? Did you try that? Well, listen to what I'm saying, Stan! I'll ...

Frank walks stiffly back to the bus with his Slushee and the wrapper. Without looking, he hands the wrapper to Grandpa and gets in.
Sheryl walks back to the VW as Richard hangs up the phone. Richard stays in the booth for a second, scratching his head.

SHERYL : So what happened?

RICHARD : Nothing. Let's get outta here.

그리고는 그들은 차를 몰고 간다. 프랭크는 비탄에 잠긴 채 바라본다.
프랭크는 돌아서 슬러시를 집어 든다.

62. 외부. 공중전화 박스. 낮
리처드는 지푸라기라도 잡으려 하고 있다.

리처드 : 지금 스카츠데일에 있지? 좋아. 내가 들를 수 있어. 그 쪽으로 가는 길이니까. 중간에 들르면 돼. 우린…

그는 화가 나서 전화 박스를 쾅 친다.

63. 내부. 폭스바겐 버스. 낮
드웨인은 책을 읽고 있다.
할아버지는 리처드의 신체 언어를 읽는다.

할아버지 : 망할. 계약을 못했군.

그는 한숨을 짓고는 고개를 숙인다.
공중전화 박스의 리처드는 점차 절망을 하며 말한다.

리처드 : (목소리) 얘긴 해봤어? 시도해 봤냐고? 그러니까 하는 말이야. 스탠! 난…

프랭크가 굳은 표정으로 슬러시와 잡지 봉지를 들고 버스로 돌아온다.
그는 쳐다보지도 않고 봉지를 할아버지에게 건네고 차에 탄다.
셰릴은 리처드가 전화를 끊을 때 폭스바겐으로 돌아온다. 리처드는 머리를 긁적이며 잠시 전화 박스에 머문다.

셰 릴 : 그래, 어떻게 됐대?
리처드 : 안 됐대. 가자.

- **heartbroken**
  비탄에 잠긴, 애끓는
  extremely sad because of something that has happened
- **grasp at straws**
  지푸라기라도 잡으려 하다
  - grasp
    붙잡다, 움켜쥐다, 단단히 쥐다, 끌어안다
    to take a firm hold of somebody or something
- **stiffly**
  딱딱하게, 완고하게, 뻣뻣하게

I can come by.
내가 들를 수 있어.
come by는 속어로 '지나는 길에 들르다(= call at)'의 뜻이다.

Zoom In

I can come by.
내가 들를 수 있어.

He begins to walk to the VW bus. She follows him.

SHERYL : Wait a minute. I thought you said this was a done deal.

RICHARD : He said it was a done deal.

SHERYL : What, you didn't get anything? Oh, my God! Where does that leave us?

RICHARD : Fucked, that's where it leaves us.

SHERYL : I can't believe I'm hearing this. Did you even try negotiating ...?

Richard turns and shouts.

RICHARD : Of course, I tried! What do you think I ...?! (sighing) Let's just go, okay? Let's go, let's go. Come on.

He gets in the driver's seat and shuts the door. Sheryl stares at him. He won't look at her.
Pause.
Finally he yells.

RICHARD : Let's go!!!

Furious, she goes and gets in the bus, slamming the door.
Richard releases the brake and they drift down the hill.
As the van rolls away, Richard shifts and guns the engine.

64. INT. VW BUS. ON THE ROAD. DAY
Silence.
Everyone avoids everyone else's eyes. Finally, Dwayne glances around. He writes something on the pad and shows it to Frank.

그는 폭스바겐 버스로 걷기 시작한다. 그녀가 뒤를 따른다.

셰릴 : 잠깐. 이번 일 다 끝난 일이라고 했잖아.
리처드 : 스탠이 그랬었어.
셰릴 : 그럼 안 된 거야? 맙소사! 그럼 우린 어떻게 되는 거지?
리처드 : 망한 거지.
셰릴 : 이건 말도 안 돼. 협상을 하긴 한 거야…?

리처드는 돌아서서 소리친다.

리처드 : 물론이지, 했다고! 안 그럼 여태까지 뭘 했겠어?! (한숨을 쉬며) 빨리 가기나 하자고, 엉? 가자고, 가자고. 어서.

그는 운전석에 올라타며 문을 닫는다. 셰릴은 그를 노려본다. 그는 그녀를 보려고 하지 않는다.
잠시.
마침내 그가 소리친다.

리처드 : 가자고!!!

화가 나서 그녀는 가서 버스에 오르며 문을 쾅 하고 닫는다.
리처드는 브레이크를 풀고 그들은 언덕 아래로 미끄러져 간다.
차가 한참을 굴러가자 리처드는 기어를 바꾸면서 시동을 건다.

64. 내부. 폭스바겐 버스. 노상. 낮
침묵.
모두가 모두의 눈을 피한다. 마침내 드웨인이 주위를 흘긋 본다. 그는 종이철에 뭔가를 써서 프랭크에게 보여 준다.

- **negotiate**
  협상하다, 교섭하다, (거래, 업무 등을) 처리하다, 수행하다
  to try to reach an agreement by formal discussion

- **furious**
  노하여 펄펄 뛰는, 격노한, 화내어 날뛰는
  very angry; with great energy, speed or anger

- **release**
  풀어 놓다, 떼어 놓다, 놓아 주다
  to let somebody or something come out of a place where they have been kept or trapped; stop holding something; to stop holding something or stop it from being held so that it can move, fly, fall, etc. freely

You said this was a done deal.
이번 일 다 끝난 일이라고 했잖아.
done deal 은 구어로 '기정사실, 거래의 성립, 다 끝난 일'의 뜻이다.

Zoom In

You said this was a done deal.

이번 일 다 끝난 일이라고 했잖아.

FRANK : (reading it) "Where's Olive?"

Sheryl looks back to find Olive missing.

SHERYL : Oh!

65. EXT. PHONE BOOTH. DAY
Olive stands next to the phone booth.
In the distance, the VW bus appears.
Olive smiles.
The van drives up and swings around the road.
Frank slides open the door. They barely slow down.

RICHARD : All right, Frank?

FRANK : (stretching his hands) Come on, Olive!

Olive runs after the van.

FRANK : (stretching out his hands) Come on, sweetie. Jump. We can't stop.

Finally Frank catches Olive's hands.

FRANK : I got her. I got her.

Olive dives in. Everyone cheers.

66. EXT. VW BUS. ON THE ROAD. DAY
The van coasts downhill.

프랭크 : (그것을 읽으며) "올리브는 어디 있어요?"

셰릴은 뒤를 보면서 올리브가 없어진 것을 발견한다.

셰 릴 : 이런!

65. 외부. 공중전화 박스. 낮
올리브가 공중전화 박스 옆에 서 있다.
멀리서 폭스바겐 버스가 나타난다.
올리브는 미소를 짓는다.
버스는 다가와 도로에서 빙 돈다.
프랭크는 문을 밀어젖힌다. 그들은 속도를 거의 늦출 수 없다.

리처드 : 됐어, 프랭크?
프랭크 : (손을 뻗치면서) 어서, 올리브!

올리브는 차를 따라 뛴다.

프랭크 : (손을 뻗치면서) 어서, 올리브. 올라 타. 멈출 수가 없어.

마침내 프랭크는 올리브의 손을 잡는다.

프랭크 : 잡았어. 잡았다고.

올리브는 뛰어든다. 모두가 환호한다.

66. 외부. 폭스바겐 버스. 노상. 낮
차는 타성으로 언덕 아래로 질주한다.

- **barely**
거의 …않다
in a way that almost does not happen or exist

- **stretch**
내뻗치다, 쭉 펴다, 내밀다
to make something longer, wider or looser, for example, by pulling it; to become longer, etc. in this way

- **coast**
타성으로 달리다
(of a car or a bicycle) to move, especially down a hill, without using any power

I got her.
잡았어.
'몸의 일부를 붙잡다'라는 가장 일반적인 표현으로 구어체에서는 get를 잘 쓴다.

Zoom In

I got her.
잡았어.

67. INT. VW BUS. DAY

Moments later.
Richard drives. Everyone is tense except Olive, who listens to her headphones.
Finally, Grandpa gets up and walks up to the front of the bus. He speaks quietly to Richard.

GRANDPA : Richard ...

RICHARD : Yeah ...

GRANDPA : Whatever happens, you tried to do something on your own, which is more than most people ever do, and I include myself in that category. You took a big chance, and it took guts, and I'm proud of you.

RICHARD : Okay, Dad. Thank you.

He tries to be cool and dismissive, but Grandpa just stands there.
Grandpa pats Richard on the shoulder. Richard turns and makes eye contact.
Awkwardly, he offers his hand to Grandpa. They shake.

RICHARD : Thank you, Dad.

Grandpa returns to his seat.

68. EXT. VW BUS. ON THE ROAD. SUNSET

The van runs along the highway. The sun is setting.

69. EXT. MOTEL. NIGHT

The van is parked in front of a motel.
They walk along the motor court, carrying their luggage, looking for their rooms.
A heavy silence.

SHERYL : Okay. Here's eleven. Frank, you're twelve. Grandpa's thirteen.

67. 내부. 폭스바겐 버스. 낮
잠시 후.
리처드는 운전을 한다. 모두가 긴장한 모습인데 헤드폰에 귀를 기울이고 있는 올리브는 예외다.
마침내 할아버지가 일어나 차 앞쪽으로 걸어간다. 그는 리처드에게 조용히 말한다.

할아버지 : 리처드…

리처드 : 네…

할아버지 : 결과야 어떻든 네 힘으로 뭔가를 하려고 노력했다는 게 중요해. 노력조차 않는 사람들이 허다하니까. 나를 포함해서 말야. 넌 크게 위험을 무릅써 도전했고 도전에는 용기가 필요했지. 네가 자랑스럽다.

리처드 : 알았어요, 아버지. 고마워요.

그는 냉정하고 거부하려고 애를 쓰지만 할아버지는 거기에 있다.
할아버지는 리처드의 어깨를 두드린다. 리처드는 돌려 눈을 마주친다.
어색하게 그는 할아버지에게 손을 내민다. 그들은 악수를 한다.

리처드 : 고마워요, 아버지.

할아버지는 자리로 돌아간다.

68. 외부. 폭스바겐 버스. 노상. 해질녘
차는 간선 도로를 달린다. 해가 지고 있다.

69. 외부. 모텔. 밤
차는 모텔 앞에 주차되어 있다.
그들은 짐을 들고 모텔을 따라 걸으며 방을 찾는다.
무거운 침묵.

셰 릴 : 자, 여기가 11호실이니까. 프랭크, 넌 12호실이고. 할아버지는 13호실.

▪ **guts**
끈기, 용기, 지구력, 결단
the courage and determination that it takes to do something difficult or unpleasant

▪ **dismissive**
거부하는, 각하하는, 경멸적인, 물리치는
showing that you do not believe a person or thing to be important or worth considering

▪ **motor court**
모텔
a motel

You took a big chance.
넌 크게 위험을 무릅썼다.
take a chance는 '운에 맡기고 해보다, 위험을 무릅쓰다'는 뜻의 관용 표현이다.

Zoom In

You took a big chance.
넌 크게 위험을 무릅썼다.

OLIVE : Can I sleep with Grandpa tonight?

SHERYL : You'll have to ask Grandpa.

OLIVE : Grandpa?

GRANDPA : We got two beds. You could still use some rehearsing ...

OLIVE : Yeah, that's what I was thinking.

Grandpa and Olive enter their room.

RICHARD : All right, everybody. We have a long day tomorrow. So I'll knock on your doors at 7 a.m. That means no lollygagging. We need to be packed and on the road by 7:40, guys.

SHERYL : Frank, you guys'll be okay?

FRANK : Yeah, we're fine.

SHERYL : Well, good night.

FRANK : Good night.

SHERYL : Sleep tight.

Frank and Dwayne enter their room.
Sheryl and Richard open the door of their room.

RICHARD : Okay.

70. INT. MOTEL ROOM ELEVEN. NIGHT

Sheryl and Richard enter. Richard closes the door.
He leans against the wall feeling disheartened and tired.

RICHARD : What a fucking nightmare ...!

올리브 : 오늘 밤 할아버지와 같이 자도 돼?
셰 릴 : 할아버지께 직접 여쭤보렴.
올리브 : 할아버지?
할아버지 : 침대는 2개니까 리허설도 할 수 있겠다…
올리버 : 네, 그래서 해 본 생각이에요.

할아버지와 올리브가 그들의 방에 들어간다.

리처드 : 자, 모두들. 내일은 갈 길이 멀어. 오전 7시부터 서두를 테니 모두들 꾸물댈 생각 하지 마. 7시 40분엔 짐 싸서 도로에 나가 있어야 하니까.
셰 릴 : 프랭크, 너흰 괜찮겠어?
프랭크 : 물론, 우린 좋아.
셰 릴 : 그럼, 잘 자.
프랭크 : 잘 자.
셰 릴 : 푹 자.

프랭크와 드웨인이 자신들의 방에 들어간다.
셰릴과 리처드가 자신들의 방문을 연다.

리처드 : 좋아.

70. 내부. 모텔 11호실. 밤
셰릴과 리처드가 들어온다. 리처드가 문을 닫는다.
그는 낙심하고 피곤한 채 벽에 기댄다.

리처드 : 빌어먹을 악몽이 따로 없군…!

- **lollygag**
빈둥거리다, 게으름 피우다(= lallygag)

- **disheartened**
낙담한, 실망한, 낙심한
  - dishearten
  낙담하게 하다, 실망시키다, 낙심시키다
  to make somebody lose hope or confidence

- **nightmare**
악몽, 가위눌림, 불쾌한 예감
a dream that is very frightening or unpleasant; an experience that is very frightening and unpleasant, or very difficult to deal with

Sleep tight.
푹 자요.
Sleep soundly.의 뜻으로 tight는 구어로 '충분히, 푹'의 의미이다.

Zoom In

Sleep tight.

푹 자요.

SHERYL : Richard ... we have to talk.

Richard walks over to her.

RICHARD : (pleading) Please, Sheryl. Let's just get through this and go home ...

71. INT. MOTEL ROOM TWELVE. NIGHT

Dwayne lies on his bed staring at the ceiling. Through the walls we can hear Sheryl and Richard arguing very loudly.

SHERYL : (O.S.) Richard, we have to talk now!

RICHARD : (O.S.) I tried to tell you we couldn't afford the trip!

Frank hears their talk in the bathroom.

SHERYL : (O.S.) I never realized we were going bankrupt!

RICHARD : (O.S.) We're not bankrupt.

Indistinct chattering.
Frank wanders out of the bathroom, squirting Rogaine on his head and rubbing his scalp. He watches Dwayne.

FRANK : Hey, don't listen to that. Let's turn on the tube.

He turns on the TV. He throws the remote control to Dwayne.

FRANK : I'm gonna brush my teeth.

셰 릴 : 여보… 우리 얘기 좀 해요.

리처드는 그녀에게 다가간다.

리처드 : (간청하며) 부탁이야, 셰릴. 그냥 넘어가고 집에 가서 얘기해…

71. 내부. 모텔 12호실. 밤
드웨인은 침대에 누워 천장을 바라보고 있다. 벽을 통해 셰릴과 리처드가 아주 큰 소리로 다투는 소리가 들린다.

셰 릴 : (무대 밖) 여보, 지금 얘기해야 한다니까!
리처드 : (무대 밖) 이번 여행은 우리한테 무리라고 말하려고 했어!

프랭크는 욕실에서 그들의 대화를 듣는다.

셰 릴 : (무대 밖) 우리가 파산하게 될 줄 몰랐어!
리처드 : (무대 밖) 파산한 건 아니야.

분명치 않게 떠드는 소리.
프랭크는 로게인을 머리 위에 뿜어서 두피를 비비며 욕실에서 걸어 나온다. 그는 드웨인을 지켜본다.

프랭크 : 이봐, 저 소리 듣지 마. TV나 보자.

그는 텔레비전을 켠다. 그는 드웨인에게 리모컨을 던진다.

프랭크 : 난 양치하고 올게.

- **get through**
  …을 극복하다, 통과하다, 보내다
  to manage to do or complete something; to be successful in an exam, etc.
- **squirt**
  액체를 분출시키다, 뿜다
  to force liquid, gas, etc. in a thin fast stream through a narrow opening; to be forced out of a narrow opening in this way
- **Rogaine**
  로게인(미국 The Upjohn Co.제의 남성용 원형 탈모 치료약)
- **scalp**
  두피, 머리 가죽
  the skin that covers the part of the head where the hair grows

I never realized we were going bankrupt!
우리가 파산하게 될 줄 몰랐어!
go[become] bankrupt는 '파산하다'의 뜻이다. go into bankruptcy도 같다.

Zoom In

I never realized we were going bankrupt!
우리가 파산하게 될 줄 몰랐어!

He goes back to the bathroom.

PRESIDENT BUSH : (on TV) ... Secretary Rumsfeld and I thought long and hard about this important choice. To meet ...

Dwayne turns the TV off. He lies down, pillows his head on his arms and stares at the ceiling again.

SHERYL : (O.S.) You said this was a lock, Richard! You said it was a done deal!!!

RICHARD : (O.S.) Stan Grossman said it was a done deal!

SHERYL : (O.S.) I'm not married to Stan Grossman!

RICHARD : (O.S.) I trusted him, all right?! You gotta trust in order to be trusted. That's Step Six.

SHERYL : (O.S.) Oh, fuck the Nine Steps, Richard! They're not working! Forget it!!! It's over!!! I never want to hear about the Nine Steps again!!!

A stunned silence.
Dwayne, hearing this, just barely smiles.

72. INT. MOTEL ROOM THIRTEEN. NIGHT
It's quiet—we can't hear Sheryl and Richard fighting.
Grandpa growls sitting on his bed and Olive mimics Grandpa's manner of growling. It looks like two dogs growl trying to fight.

GRANDPA : Perfect. You're the world champion growler.

He puts a big hat on Olive's head.

그는 욕실로 돌아간다.

부시 대통령 : (텔레비전에서) …럼스펠드 국방 장관과 제가 오랜 고심 끝에 결정한 일입니다. 만나기 위해…

드웨인은 텔레비전을 끈다. 그는 팔베개를 하고 누워 다시 천장을 응시한다.

셰 릴 : (무대 밖) 확실히 성공한 일이라고 했잖아요, 리처드! 다 된 일이라고 자기가 그랬잖아!!!

리처드 : (무대 밖) 스탠 그로스먼이 그랬다니까!

셰 릴 : (무대 밖) 내 남편은 스탠 그로스먼이 아니잖아!

리처드 : (무대 밖) 난 그 친구를 믿었다고, 알아?! 신뢰를 받으려면 믿어야 돼. 그게 6단계 성공법이야!

셰 릴 : (무대 밖) 9단계고 뭐고 집어 치워, 리처드! 효과 없으니까. 잊어버려!!! 다 끝났어!!! 다시는 나한테 9단계 어쩌고저쩌고 할 생각 마!!!

숨막히는 침묵.
드웨인은 이를 듣고 겨우 미소를 짓는다.

72. 내부. 모텔 13호실. 밤
조용하다. 셰릴과 리처드가 싸우는 소리는 들리지 않는다.
할아버지는 침대 위에 앉아서 으르렁거린다. 올리브는 할아버지가 으르렁거리는 모습을 흉내 낸다. 마치 두 마리의 개가 싸우려고 으르렁거리는 것과 같다.

할아버지 : 완벽해. 세계 최고의 으르렁 챔피언 감이야.

그는 올리브의 머리 위에 큰 모자를 씌운다.

- **secretary**
  장관, 대신, 비서관
  the head of a government department, chosen by the President

- **pillow**
  (머리를 …에) 올려 놓다, (물건이) …의 베개가 되다
  to rest something, especially your head, on an object

- **growl**
  으르렁거리다
  (of animals, especially dogs) to make a low sound in the throat, usually as a sign of anger; to say something in a low angry voice

You said this was a lock.
확실히 성공한 일이라고 했잖아요.
lock은 '확실한 성공[취득], 성공한 일(total control of something)'의 의미이다.

Zoom In

You said this was a lock.
확실히 성공한 일이라고 했잖아요.

GRANDPA : Time for your beauty rest. Get in there.

He helps Olive go under the sheet and sits in front of her.

GRANDPA : There you go. Good night.

He rises to go to the bathroom.

OLIVE : Grandpa ...?

GRANDPA : Yeah?

He stops and turns.
Olive hesitates.

OLIVE : I'm kind of scared about tomorrow.

GRANDPA : Are you kidding me? You're gonna blow 'em out of the water. They're not gonna know what hit 'em.

He's about to leave her when ...

OLIVE : Grandpa ...?

GRANDPA : Yeah?

He turns back. She hesitates again. Finally:

OLIVE : Am I pretty?

GRANDPA : Olive ...

할아버지 : 이제 미모를 위해 잠을 청할 시간이다. 들어가라.

그는 올리브가 이불 속으로 들어가는 것을 거들어 주며 그녀 앞에 앉는다.

할아버지 : 그렇지. 잘 자렴.

그는 욕실로 가기 위해 일어난다.

올리브 : 할아버지…?
할아버지 : 응?

그는 멈춰 서서 돌아선다.
올리브는 주저한다.

올리브 : 내일 대회 때문에 겁나요.
할아버지 : 지금 농담하니? 넌 모두를 깜짝 놀라게 할 거야. 다들 놀라 자빠질걸.

그는 다시 가려고 하는데 그 때…

올리브 : 할아버지…?
할아버지 : 응?

그는 돌아선다. 그녀는 다시 머뭇거린다. 마침내,

올리브 : 저 예뻐요?
할아버지 : 올리브…

- **beauty rest**
  아름다움을 위한 수면
  period of relaxing, sleeping or doing nothing after a period of activity
  - rest
    수면, 휴식, 안정

- **hit**
  (정신적으로) 타격[고통, 손상]을 주다
  to come against something or somebody with force, especially causing damage or injury

You're gonna blow 'em out of the water.
넌 모두를 깜짝 놀라게 할 거야.
blow a person out of the water는 구어로 '…을 기겁하게 하다(= surprise greatly; knock someone's socks off)'의 뜻이다.

Zoom In

You're gonna blow 'em out of the water.

넌 모두를 깜짝 놀라게 할 거야.

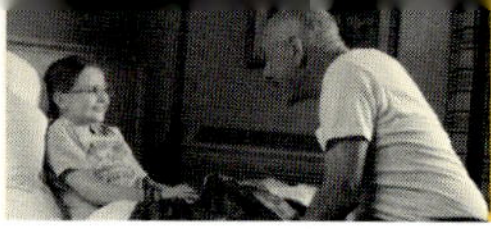

He sits down in front of Olive.

GRANDPA : You're the most beautiful girl in the whole world.

OLIVE : (smiling) You're just saying that!

GRANDPA : No, I'm not. I'm madly in love with you, it's not because of your brains or your personality. It's because you're beautiful, inside and out.

He rises to leave her when ...

OLIVE : Grandpa ...?

GRANDPA : What?

He sits back down. Olive opens her mouth, hesitates.
Then suddenly—unexpectedly—she is upset, though she tries to hide it, fighting back tears.
Finally, she says in a tiny voice:

OLIVE : I don't wanna be a loser.

GRANDPA : You're not a loser. Where'd you get the idea you're a loser?

Olive is on the verge of tears.

OLIVE : Because Daddy hates losers.

GRANDPA : Whoa, whoa, whoa, whoa. Back up a minute. You know what a loser is?

그는 올리브 앞에 앉는다.

할아버지 : 넌 세상에서 제일 예쁜 소녀란다.
올리브 : (미소를 지으며) 말만 그러시는 거잖아요!
할아버지 : 아니야. 네 총명함이나 개성 때문이 아니라 예뻐서 널 몹시 사랑하는걸. 내면과 외면 모두 다.

그가 다시 가려고 하는데 그 때…

올리브 : 할아버지…?
할아버지 : 왜?

그는 다시 앉는다. 올리브는 입을 열고 머뭇거린다.
그때 갑자기—예기치 않게—숨기려고 애를 쓰지만 혼란스러워 하며 눈물을 억지로 참는다.
마침내 작은 목소리로 말한다.

올리브 : 전 패배자가 되기 싫어요.
할아버지 : 넌 패배자가 아니야. 왜 네가 패배자란 생각을 해?

올리브는 막 눈물이 터지려고 한다.

올리브 : 아빤 패배자를 싫어하시니까요.
할아버지 : 우와, 우와, 우와, 우와. 잠깐. 패배자란 어떤 사람인지 알아?

- **brains**
  지력, 두뇌, 지능
  the ability to learn quickly and think about things in a logical and intelligent way

- **personality**
  개성, 인간적 매력, 사람됨
  the various aspects of a person' s character that combine to make them different from other people; the qualities of a person' s character that make them interesting and attractive

- **on the verge of**
  …하기 직전에, 바야흐로 …하려고 하여

Back up a minute.
잠깐 기다려.
back up은 '후퇴하다, 후진하다, 천천히 자세히 설명하다, (주장 따위를) 뒷받침하다'의 뜻이다.

Zoom In

Back up a minute.

잠깐 기다려.

She begins to sob.

GRANDPA : A real loser is somebody that's so afraid of not winning, they don't even try. Now, you're trying, right?

OLIVE : (nodding) Yeah.

GRANDPA : Then you're not a loser. We're gonna have fun tomorrow, right?

OLIVE : Yeah.

She smiles in tears. She takes off her glasses and wipes her tears.

GRANDPA : We can tell 'em all to go to hell. Good night, sweetie. I love you.

Olive smiles brightly.
He pats her cheek soothingly and leaves. Olive lies in bed.

73. INT. MOTEL ROOM ELEVEN. NIGHT

Richard and Sheryl sit on opposite sides of the bed. It's quiet. They've hit rock bottom.
A moment of silence.
Sheryl stares at the floor—troubled and deeply unhappy.
Richard sighs deeply. Abruptly, he stands, puts on his shoes, gathers his keys, wallet, etc.
Sheryl looks back at him in surprise.

SHERYL : What're you doing?

RICHARD : I'm gonna fix this.

그녀는 흐느끼기 시작한다.

할아버지 : 진짜 패배자는 질까 무서워서 시도도 안 하는 사람이란다. 넌 노력하고 있잖아, 안 그래?

올리브 : (고개를 끄덕이며) 네.

할아버지 : 그럼 넌 패배자가 아니야. 내일 신 날 거야. 알았지?

올리브 : 알았어요.

그녀는 눈물을 흘리며 미소를 짓는다. 그녀는 안경을 벗고 눈물을 닦는다.

할아버지 : 남들이 뭐라든 신경 쓸 것 없다. 잘 자라, 공주님. 사랑한다.

올리브는 밝게 웃는다.
그는 달래듯 그녀의 볼을 쓰다듬고 자리를 뜬다. 올리브는 잠자리에 눕는다.

73. 내부. 모텔 11호실. 밤
리처드와 셰릴은 침대 반대편에 앉아 있다. 조용하다. 그들은 밑바닥을 쳤다.
침묵의 순간.
셰릴은 바닥을 응시하고 있다. 난처하고 매우 불행한 모습이다.
리처드는 깊게 한숨을 쉰다. 갑자기 그는 일어서 구두를 신고 열쇠, 지갑 등을 줍는다.
셰릴이 놀라 그를 돌아다본다.

셰 릴 : 뭐 하려고?

리처드 : 이걸 처리할 거야.

- **sob**
  흐느껴 울다, 흐느끼며 말하다
  to cry noisily, taking sudden, sharp breaths; to say something while you are crying

- **soothingly**
  달래며, 위로하듯이, 진정하며
  • soothe
  달래다, 위로하다
  to make somebody who is anxious, upset, etc. feel calmer; to make a tense or painful part of your body feel more comfortable

- **rock bottom**
  〈구어〉 최저 (단계), 맨 밑바닥

We can tell 'em all to go to hell.
모두들에게 꺼지라고 말할 수 있어.
go to hell은 '꺼지다, 뒈지다, 닥치다' 등의 뜻이다. 그러니까 '남들이 뭐라든 신경 쓸 것 없다'는 의미도 된다.

Zoom In

We can tell 'em all to go to hell.
모두들에게 꺼지라고 말할 수 있어.

SHERYL : Richard ...

RICHARD : I'm gonna fix this.

He laces the shoes, grabs his coat and exits, very determined. Sheryl, left behind, remains dumbfounded.

74. EXT. MOTEL PARKING LOT. NIGHT

Richard runs to the VW bus, parked parallel on the street. He climbs in the VW's driver's seat and starts it up. He shifts into third and the VW moves slowly. He grumbles, gets off and pushes the bus. It moves fast enough to start the engine.

RICHARD : Here we go. Here we go. Here we go.

He climbs in the VW and starts the engine. But suddenly the engine dies and the bus stops. He closes his eyes and puts his head on the wheel—troubled and deeply unhappy.

Then he hears chatting. A small crowd of teenagers is hanging out, smoking and drinking. Four teen boys are puttering around on mopeds.

Richard gets off the bus and walks up to the teens on their mopeds. They are wary. Richard smiles, tries to be kindly.

RICHARD : Hi.

75. EXT. HIGHWAY. NIGHT

An empty highway entrance, lit by street lamps. Interstate traffic flies by at 70 mph. An eighteen wheeler passes away.

Into the frame and down the entrance ramp rides Richard, balanced precariously on a borrowed moped, pushing 35 mph.

He edges into the break-down lane and drives with a look of grim determination on his face.

He passes a sign that reads, "Scottsdale, 23 Miles."

셰 릴 : 리처드…

리처드 : 이걸 처리할 거야.

그는 매우 결연한 자세로 구두끈을 매고는 옷을 집어 들고 나간다. 셰릴은 뒤에 남겨진 채 어리벙벙할 따름이다.

74. 외부. 모텔 주차장. 밤

리처드는 길과 평행으로 세워진 폭스바겐 버스로 달려 간다. 그는 운전석에 올라타서는 출발을 한다. 그가 기어를 3단으로 넣자 폭스바겐은 천천히 움직인다. 그는 투덜거리며 내려 차를 민다. 차는 시동을 걸기에 충분한 정도로 달린다.

리처드 : 가자. 가자. 가자고.

그는 차에 올라타 시동을 건다. 하지만 갑자기 시동이 꺼지며 차가 멈춘다. 그는 눈을 감고 머리를 핸들에다 올려놓는다—괴롭고 몹시 불행하다.
그때 그는 떠드는 소리를 듣는다. 몇 명의 10대 소년들이 근처에서 어슬렁거리며 담배를 피우고 술을 마시고 있다. 네 명의 10대 소년들이 모터 달린 자전거 주위를 어슬렁거리고 있다.
리처드는 차에서 내려 모페드를 타고 있는 10대들에게 다가간다. 그들은 경계를 한다. 리처드는 웃으며 친절하려고 애를 쓴다.

리처드 : 안녕.

75. 외부. 간선 도로. 밤

텅 빈 간선 도로 입구는 가로등이 켜 있다. 주간 간선 도로의 차량이 시속 70마일로 질주한다. 18륜 차가 지나간다.
입구 램프의 모습 속에 리처드가 빌린 모페드를 타고 조심스럽게 균형을 잡으면서 시속 35마일의 속도로 달린다.
그는 구난차가 이용하는 차선으로 서서히 들어가 엄숙하고 결연한 얼굴 표정을 하고 달려간다.
그는 '스카츠데일 23마일'이라고 쓴 표지판을 지나간다.

- **parallel**
  평행으로
  with the same distance between them for all their length
- **hang out**
  어슬렁거리다, 배회하다, 근방에 있다
  to spend a lot of time in a place
- **putter around**
  어슬렁거리다
- **moped**
  모터 달린 자전거, 모페드
  a motorcycle with a small engine and also pedals
- **wheeler**
  …륜차, 바퀴 달린 차
- **edge**
  서서히 나아가다
  to move or to move something slowly and carefully in a particular direction
- **break-down**
  구급, 구난, 고장, 파손

I'm gonna fix this.
이걸 처리할 거야.
fix는 '정리하다, 처리하다, 정정시키다, 확정하다'는 뜻이다.

Zoom In

I'm gonna fix this.

이걸 처리할 거야.

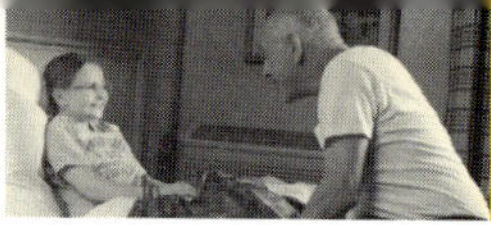

76. INT. MOTEL ROOM TWELVE. NIGHT

Frank sits on his bed and stares at something, shoulders slumped, not moving.
Over Frank's shoulder–He holds a photo that shows Frank and the young man from the convenience store, Josh, at some chic party, wearing tuxes, smiling, and drinking Champagne.
Then quietly he puts the photo into his wallet and switches off the light.

77. INT. MOTEL BATHROOM. NIGHT

Grandpa enters and locks the door. He opens his fanny pack and takes out a tiny bottle from the leather wallet.

78. EXT. MOTEL BALCONY. NIGHT

It's quiet. A bare motel balcony, lit by street lamps. Sheryl, smoking a cigarette, stares up in the air.

76. 내부. 모텔 12호실. 밤

프랭크는 침대 위에 앉아 어깨를 축 늘어뜨리고 꼼짝하지 않고 뭔가를 보고 있다.

프랭크의 어깨 너머로—그는 프랭크와 편의점에서 본 젊은이인 조시가 찍힌 사진을 들고 있다. 한 우아한 파티에서 턱시도를 입은 채 웃으며 샴페인을 마시고 있는 모습이다.

그리고는 조용히 그는 사진을 지갑에 넣고 전등을 끈다.

77. 내부. 모텔 욕실. 밤

할아버지가 들어와 문을 잠근다. 그는 허리에 찬 작은 주머니를 열고는 가죽 지갑에서 작은 병 하나를 꺼낸다.

78. 외부. 모텔 발코니. 밤

사방이 고요하다. 텅 빈 모텔의 발코니. 가로등이 비친다. 셰릴은 담배를 피우면서 허공을 응시한다.

- **slump**
  (몸이) 구부정해지다, 무너지듯이 앉다
  to sit or fall down heavily

- **chic**
  (복장 등이) 우아한, 세련된, 맵시 있는
  very fashionable and elegant

- **bare**
  빈, 텅 빈, 노출된
  not covered by any clothes; (of surfaces) not covered with or protected by anything

인디 영화(Indie Film or Independent Film)란 무엇인가?

〈리틀 미스 선샤인〉을 인디 영화라 부른다. 그렇다면 인디 영화란 무엇일까?

인디 영화에서 '인디'란 인디펜던트(Independent)의 준말로, 우리말로 하면 '독립 영화'란 말이 된다. 말 그대로 거대 자본으로부터 독립했다는 뜻으로, 할리우드의 스튜디오 시스템, 즉 미국의 메이저 급 몇몇 대형 영화 스튜디오(MGM, 컬럼비아, 유니버설, 파라마운트, RKO, 워너 브러더스, 20세기 폭스 등)에 의한 일련의 독점주의자들의 관행 밖에서 제작되는 영화를 말한다. 그런 메이저 영화사들은 1920년대 초부터 1950년대까지 미국의 영화 제작, 배급 그리고 박람회를 지배했다.

인디 영화의 뿌리는 1900년대의 영화 제작자들까지 거슬러 올라간다. 당시 몇 명의 제작자들은 소위 영화 특허 회사(Motion Picture Patents Company) 또는 에디슨 트러스트(Edison Trust)라 불리는 기업 합동의 지배를 거역했던 것이다. 이는 1908년에 창설된 단체로 모든 메이저 영화사들로 구성된 트러스트였다. 이들이 주도한 스튜디오 시스템이 너무 강력했기 때문에 일부 영화 제작자들은 이들로부터의 독립을 추구하기 시작하여 1919년 처음으로 독립적인 스튜디오를 세워 활동하기 시작하였고, 1941년에는 찰리 채플린, 월트 디즈니, 오슨 웰스, 새뮤얼 골드윈 등 쟁쟁한 영화인들이 독립 영화 제작자 협회(The Society of Independent Motion Picture Producers)를 창설하여 스튜디오 시스템이 압도적으로 지배하는 영화 산업에서 독립적인 영화인들의 권리를 옹호했던 것이다.

따라서 인디 영화는 지배적이고 제도화된 영화 산업에서 독립적인 영화 감독들에 의해 만들어지는 영화로 이와 구분해야 되는 것은 상업 영화가 아니라 메이저 영화라 할 수 있다. 주류 영화 제작 행위 밖에서 만들어지기 때문에 아방가르드적이거나 카운터 시네마적이며, 비록 실험적이지 않은 경우에도 이들은 지배적인 이데올로기에 대해 대안적인 목소리를 제공하려 한다. 이들은 대부분 저예산 영화로서, 개인적으로 재원을 조달하거나 아니면 정부로부터 지원금을 받기도 한다.

사실, 메이저 영화사에서는 큰 돈을 투자하기 때문에 그만큼 이익을 얻어야 하고, 그래서 영화에 이런저런 간섭을 하기 마련이다. 감독이 이런 제작자의 간섭을 받기 싫을 경우 자신의 돈으로 영화를 만들거나 간섭을 하지 않는 작은 영화사에서 영화를 만들 수밖에 없다. 어차피 투자하는 돈이 많지 않기 때문에 투자한 사람도 영화에 큰 간섭을 하지 않고 창작자의 의도에 따라 자기 마음대로 영화를 만들 수 있기 때문이다.

하지만 대중성을 표방하는 할리우드 영화와는 다른 성격의 대안적 영화를 만든다는 점에서 오프 할리우드(Off Hollywood)적인 인디 영화는 오락성이 떨어지고 난해한 경우가 많다. 여기에는 다양한 가치를 추구하는 저예산 예술 영화, 단편 영화, 다큐멘터리, 실험 영화, 애니메이션 등 다양한 영화들이 포함된다.

LITTLE MISS SUNSHINE

Chapter 6

무슨 일이 있든, 우린 가족이야

Whatever Happens, We're a Family

시간 00:48:18 ~ 00:58:23

79. EXT. HOTEL PARKING LOT. NIGHT

A sign out front reads, "Welcome/Dynamic Strategies Expo."
The whine of a moped. Richard pulls into the parking lot of a large chain hotel.

80. INT. HOTEL LOBBY. NIGHT

Richard—windblown, still in shorts and sneakers—strides into a well-appointed lobby. He walks to a courtesy phone, picks it up.

RICHARD : (into phone) Hi. Stan Grossman, please.

From the look on his face, we can be sure he hears the voice mail.
He's at a loss.

RICHARD : (into phone) Stan, it's Richard ... I don't know where the fuck you are. I'm at the hotel. Call me.

79. 외부. 호텔 주차장. 밤
앞쪽의 표지판에 "다이내믹 전략 엑스포에 참가하신 걸 환영합니다." 라고 적혀 있다.
모페드의 엔진 소리가 울린다. 리처드는 큰 체인 호텔의 주차장으로 들어온다.

80. 내부. 호텔 로비. 밤
리처드가—여전히 짧은 바지와 운동화 차림으로 바람에 날린 상태로—잘 꾸며진 로비로 성큼 걸어 들어온다. 그는 구내 전화로 가서 수화기를 든다.

리처드 : (전화에다) 안녕하세요. 스탠 그로스먼 부탁합니다.

그의 얼굴 표정으로 볼 때 그가 응답기 목소리를 듣고 있음이 분명하다.
그는 난처하다.

리처드 : (전화에다) 스탠, 리처드야… 대체 어디 있어? 호텔에 와 있으니까 전화해 줘.

- **windblown**
  바람에 날린
- **well-appointed**
  가구가 잘 꾸며진
  having all the necessary equipment; having comfortable and attractive furniture, etc.
- **courtesy phone**
  (호텔 따위의 서비스로 무료인) 구내 전화
- **voice mail**
  음성 메일(전자 우편 방식의 하나)

He hangs up and looks around, exasperated. He takes out his cell phone and dials. He puts the phone to his ear.
As the phone rings in his ear, we hear the synchronized bleating of a cell phone from the hotel bar nearby.
It takes Richard a second to make the connection. He turns.

STAN GROSSMAN : (V.O.) He's standing in front of my office, and he says to me: "The book is really a memoir. It's from my life experience." He's, like, 20.

We can hear a woman's laugh.

81. INT. HOTEL BAR. NIGHT

In the bar/lounge, a boisterous group of corporate types—prosperously attired men, meticulously groomed woman—are seated around a booth, drinking and laughing together.
Holding court is Stan Grossman, a swarthy mid-30s go-getter wearing a cashmere V-neck.
Richard watches as Stan pulls out his cell phone, checks the caller ID, shakes his head, and puts the phone away.

STAN GROSSMAN : So I said, "You want me to teach you about life experiences? You can write a book about my experiences. So he says to me ..."

Richard walks over and stands behind Stan Grossman, staring down at him. He dials and the phone rings. The corporate types stop laughing. Stan turns, looks up at Richard.

RICHARD : Hello, Stan!

그는 전화를 끊고 화가 난 채 주위를 살핀다. 그는 자신의 휴대 전화를 꺼내 건다. 전화기를 귀에다 댄다.
귀에서 전화의 신호가 울리는데 근처의 호텔 바에서도 동시에 휴대 전화 벨이 울리는 소리가 들린다.
순식간에 리처드는 그것이 자신의 전화와 연결된 소리라는 것을 눈치 챈다. 그는 돌아선다.

스탠 그로스먼: (목소리) 우리 사무실에 오더니 그 친구 하는 말이 "그 책이 정말 자기 인생 경험을 쓴 회고록"이라는 거야. 겨우 20살인데 말야.

여자의 웃음소리가 들린다.

81. 내부. 호텔 바. 밤
바/로비에는 일단의 명랑하고 떠들썩한 법인 조직 타입의 사람들이 둘러막은 의자에 앉아 술을 마시며 함께 웃고 있다. 부유하게 차려 입은 남자들과 세심하게 몸차림을 한 여자다.
둘러싸여 왕처럼 행세하고 있는 자는 스탠 그로스먼으로 거무스레한 30대 중반의 수완가이다. 그는 목 둘레가 V자형으로 된 캐시미어 옷을 입고 있다.
리처드는 스탠이 자신의 휴대 전화를 꺼내 발신자 신원을 확인한 후 고개를 가로저으며 전화기를 치우는 것을 지켜본다.

스탠 그로스먼: 그래서 내가 "인생 경험에 대해서 내게 가르침을 받고 싶으면 내 경험에 대한 책을 쓰라고 했지. 그랬더니 그 친구 말이…"

리처드는 걸어가 스탠 그로스먼 뒤에 서서 그를 내려다본다. 그가 다이얼을 돌리자 전화가 울린다. 법인 조직 타입의 사람들이 웃음을 멈춘다. 스탠이 몸을 돌리며 리처드를 올려다본다.

리처드 : 안녕, 스탠!

- **exasperated**
  화가 난, 격분한
  extremely annoyed, especially if you cannot do anything to improve the situation
- **synchronize**
  동시에 일어나게 하다, 동시성을 지니다
- **bleat**
  매애 울다, 재잘재잘 말하다
  to make the sound that sheep and goats make; to speak in a weak or complaining voice
- **boisterous**
  명랑하고 떠들썩한
- **meticulously**
  꼼꼼하게, 세심하게
- **hold court**
  〈구어〉 (팬 등에게 둘러싸여) 왕[여왕]처럼 행세하다
  to entertain and receive attention from people who admire one
- **swarthy**
  거무스레한, 까무잡잡한
- **go-getter**
  수완가, 민완가, 재주꾼
  a person who is determined to succeed, especially in business

The book is really a memoir.
그 책은 정말로 회고록이죠.
memoir는 '(필자 자신의) 회고록, 회상록'을 말한다.

Zoom In

The book is really a memoir.
그 책은 정말로 회고록이죠.

82. EXT. HOTEL POOL. NIGHT

Richard and Stan stand on the edge of the pool apron, arguing.

RICHARD : You're the one that said it would sell ...!

STAN GROSSMAN : That's what I thought at the time.

RICHARD : But it's a great program! You said so yourself! I don't understand ...!

STAN GROSSMAN : It's not the program, Richard. It's you, okay? No one's heard of you. Nobody cares.

Richard exhales, shakes his head, gathers himself.

RICHARD : What's the next step?

STAN GROSSMAN : There is none. We had our shot. It didn't fly. We move on.

RICHARD : You mean give up?

STAN GROSSMAN : Richard ...

RICHARD : Oh, hey! One setback here and you're ready to just quit?

STAN GROSSMAN : Richard, listen. I pushed this thing hard, okay? I rammed it down their fucking throats and no one bought it. It's time to move on. You're not gonna win this one.

Richard stares at Stan, absorbing this. Then he speaks with a strained nonchalance, nodding and smiling.

82. 외부. 호텔 수영장. 밤
리처드와 스탠은 풀 앞자락 가장자리에 서서 언쟁을 하고 있다.

리처드 : 그게 팔릴 만한 책이라며…!
스탠 그로스먼: 그땐 그렇게 생각했어.
리처드 : 하지만 그게 좋은 프로그램이라고 말한 게 자네였잖아! 이해가 안 돼…!
스탠 그로스먼: 문제는 프로그램이 아니야, 리처드. 자네 때문이라고, 알아? 무명인이라 독자들에게 안 먹힌다고.

리처드는 숨을 내쉬고 고개를 가로저으며 정신을 차린다.

리처드 : 그럼, 다음 단계는 뭐야?
스탠 그로스먼: 아무것도 없어. 시도해 봤어. 쫑 났어. 다른 걸 찾아야지.
리처드 : 포기하란 거야?
스탠 그로스먼: 리처드…
리처드 : 이봐! 여기서 한번 거절당했다고 그냥 포기하라구?
스탠 그로스먼: 들어봐, 리처드. 나도 할 만큼 했어, 알아? 고객들한테 억지로 밀어붙였지만 전혀 통하질 않았다고. 이젠 다른 걸 찾아야 할 때야. 이번 일은 승산이 없어.

리처드는 스탠을 바라보면서 이를 받아들인다. 그리고 나서 그는 고개를 끄덕이고 미소를 지으면서 억지로 태연한 척하며 말한다.

- **gather oneself**
  정신을 차리다, 기운을 내다
- **fly**
  〈구어〉 성공하다, 실행 가능하다
- **setback**
  좌절, 패배, 실패
- **ram ... down a person's throat**
  남에게 …을 억지로 승낙시키다, 강요하다
- **strained**
  부자연스런, 억지의, 긴장한
  showing the effects of worry or pressure; (of a situation) not relaxed or friendly; not natural; produced by a deliberate effort
- **nonchalance**
  냉담, 태연, 아랑곳하지 않음

We had our shot.
우린 시도해 봤어.
shot은 '시도, 해 보기'의 뜻이고, have a shot은 '시도해 보다, 한 번 해 보다'의 의미이다.

Zoom In

We had our shot.

우린 시도해 봤어.

RICHARD : Okay. Okay, you know what? Good! I'm glad. You know why? Because this is what the Nine Steps are all about ...

Stan Grossman sighs deeply.

RICHARD : Right here, Stan. Right here.

STAN GROSSMAN : Richard, please.

RICHARD : Yeah. No. You blew it! You blew it! You're out.

Richard turns and walks off. Stan can't believe it. He shakes his head.

83. EXT. HIGHWAY. NIGHT

Richard, grim, rides his borrowed moped along the breakdown lane as cars and trucks roar past him.

This is—hands down—the worst moment of his life.

84. INT. MOTEL. NIGHT

Sheryl and Richard are sleeping soundly in the bed.

OLIVE : (V.O.) Mom?

They don't move.

OLIVE : (V.O.) Dad?

Richard moves a little.

RICHARD : What is it, hon?

OLIVE : Grandpa won't wake up.

Richard takes this in.

리처드　　: 그래. 좋아, 그거 알아? 잘 됐어! 기쁘군. 왠지 알아? 이게 바로 9단계 성공법의 한 과정이니까…

스탠 그로스먼은 한숨을 길게 쉰다.

리처드　　: 그만 해, 스탠. 그만 하라고.
스탠 그로스먼: 리처드, 제발.
리처드　　: 아냐. 넌 실패했어! 실패했다고! 넌 빠져.

리처드는 돌아서서 걸어간다. 스탠은 믿을 수가 없다. 그는 고개를 가로젓는다.

83. 외부. 간선 도로. 밤
리처드는 험상스러운 얼굴로 빌린 모페드를 타고 구난 차선을 따라 달린다. 차와 트럭들이 그를 지나쳐 달려간다.
지금은 의심할 나위 없이 자신의 인생에서 최악의 순간이다.

84. 내부. 모텔. 밤
셰릴과 리처드는 침대에서 곤하게 자고 있다.

올리브　　: (목소리) 엄마?

그들은 움직이지 않는다.

올리브　　: (목소리) 아빠?

리처드가 약간 움직인다.

리처드　　: 왜 그러니, 얘야?
올리브　　: 할아버지가 일어나질 않으셔.

리처드는 이를 받아들인다.

- **grim**
  험상스러운, 무서운, 불길한
  looking or sounding very serious; unpleasant and depressing
- **hands down**
  의심할 여지가 없이, 확실히
- **take in**
  …을 이해하다, 참으로 받아 들이다
  to understand or absorb something that one hears or reads

You blew it!
넌 실패했어!
blow it은 구어로 '실수하다, 실패하다, 좋은 기회를 놓치다'의 뜻이다.

Zoom In

You blew it!

넌 실패했어!

85. EXT. AMBULANCE. ON THE ROAD. DAY
The VW bus is behind the lights of an ambulance as it speeds down a commercial strip. The lights flash and siren blares.

86. INT. VW BUS. DAY
Richard drives with an expression of mixed feelings.

87. INT. HOSPITAL WAITING ROOM. DAY
Everyone sits silently in a waiting room, waiting for news.
Olive, bored, goes through a rack of medical flyers. She takes one and looks at Dwayne.

OLIVE : Wanna take an eye test?

Dwayne shakes his head.

OLIVE : Uncle Frank? An eye test?

He is not interested.

SHERYL : Olive, come here. Put those away. We're gonna have a family meeting. Dwayne? Family meeting.

Dwayne sits beside Sheryl. She turns to the kids.

SHERYL : First of all, the doctors are doing everything they can to help Grandpa right now. He's had a long ... (searches for words) ... eventful life, and I know he loves both of you very much. But if God wants to take him, we have to be ready to accept that, okay?

Richard rises and wanders about.

85. 외부. 구급차. 노상. 낮
폭스바겐 버스는 구급차가 상업 지역을 달려갈 때 그 뒤를 따른다. 불빛이 번쩍이고 사이렌이 크게 울린다.

86. 내부. 폭스바겐 버스. 낮
리처드는 착잡한 표정으로 차를 몰고 있다.

87. 내부. 병원 대기실. 낮
모두가 대기실에 조용히 앉아서 소식을 기다리고 있다.
올리브는 따분해서 의학 전단대로 가서 하나를 꺼내서는 드웨인을 본다.

올리브 : 시력 검사하고 싶어?

드웨인은 고개를 가로젓는다.

올리브 : 프랭크 삼촌? 시력 검사할래요?

그는 관심이 없다.

셰릴 : 올리브, 이리 와. 그건 치우고. 가족회의를 해야겠어. 드웨인? 가족회의라고.

드웨인은 셰릴 옆에 앉는다. 그녀는 아이들을 본다.

셰릴 : 우선, 지금 의사들이 할아버지를 도우려 최선을 다하고 있어. 할아버진 길고… (말을 찾는다) 파란 많은 삶을 사셨지만 너희들을 무척 사랑하셔. 하지만 만약 하늘에 가신다고 해도 순순히 받아들여야 해, 알았지?

리처드가 일어나 이리저리 거닌다.

- **strip**
거리 (양쪽에 상점, 주유소, 술집, 음식점 등이 늘어서 있는)
a street that has many shops, stores, restaurants, etc. along it

- **blare**
(나팔, 경적 등이) 울려 퍼지다, 크게 울리다
to make a loud unpleasant noise

- **flyer**
전단, 광고, 삐라(= flier)
a small sheet of paper that advertises a product or an event and is given to a large number of people

- **eventful**
파란 많은, 다사한, 사건 많은
full of things that happen, especially exciting, important or dangerous things

Wanna take an eye test?
시력 검사하고 싶어?
Do you want to take an eye test?의 준말로 eye test는 '시력 검사'를 말한다.

Zoom In

Wanna take an eye test?

시력 검사하고 싶어?

SHERYL : Whatever happens, we're a family. And what's important is that we love each other. 'Course I love you guys so, so much ...

She starts to cry. Frank puts his hand on her knee. Sheryl grasps it. Olive and Dwayne watch Sheryl.
Deep silence.
Dwayne writes a note, shows it to Olive. It reads:
"Go Hug Mom!"
Olive goes and hugs Sheryl. Sheryl, crying, hugs her.
A beat.
A doctor enters the waiting area.

DOCTOR : Are you the family of Edwin Hoover?

RICHARD : (turning) Yes.

Everyone rises.

DOCTOR : I'm sorry. We did everything we could. He was uh ... Well, it was too much. He probably just fell asleep and never woke up. I'll have someone come and talk to you about handling the remains.

Silence.

RICHARD : Thank you.

The doctor walks to the door and calls down the hall.

DOCTOR : Linda ...!

셰 릴 : 무슨 일이 있든, 우린 가족이야. 그리고 무엇보다 중요한 건 우리가 서로 사랑한다는 거야. 물론 엄마는 너희들을 너무나 사랑하지…

그녀는 울기 시작한다. 프랭크는 손을 그녀의 무릎에 놓는다. 셰릴은 그것을 잡는다. 올리브와 드웨인은 셰릴을 지켜본다.
깊은 침묵.
드웨인은 종이철에 써서는 그것을 올리브에게 보여 준다. 거기에는 다음과 같이 씌어 있다.
"엄마 좀 안아 드려!"
올리브는 가서 엄마를 포옹한다. 셰릴은 울면서 그녀를 껴안는다.
잠시.
의사가 대기 지역에 들어온다.

의 사 : 에드윈 후버 씨 가족입니까?
리처드 : (돌아서며) 네.

모두가 일어선다.

의 사 : 죄송합니다. 최선을 다했습니다만. 그는… 사실 그게 좀 과했어요. 아마도 주무시다 임종하신 것 같습니다. 시신을 처리할 사람을 보내 당신과 상의토록 하겠습니다.

침묵.

리처드 : 고마워요.

의사는 문으로 가서 복도를 향해 소리친다.

의 사 : 린다…!

- **grasp**
  붙잡다, 움켜잡다, 꽉 껴안다
  to take a firm hold of somebody or something
- **remains**
  유해, 시신, 유골, 유물
  the body of a dead person or animal; the parts of something that are left after the other parts have been used, eaten, removed, etc.

Go hug Mom!
가서 엄마 안아 드려!
Go and hug Mom., Go to hug Mom.과 같은 표현으로 구어체에서 잘 쓰인다.

Zoom In

Go hug Mom!

가서 엄마 안아 드려!

He gestures, then departs.
Silence.

OLIVE : Mom? Is Grandpa dead?

SHERYL : Yes, honey. He passed away.

Sheryl picks up Olive and holds her in her lap, hugging her.
Olive begins to sob.
Silence.
Moments later.
A hospital administrator, Linda, comes in with a sheaf of papers. She is overburdened and all business.

LINDA : Hi. I'm your bereavement liaison, Linda.

Richard walks up to her. They shake hands.

LINDA : My consolations for your loss.

RICHARD : Thank you.

LINDA : (fast) Okay. These are the forms you need to fill out—

She hands Richard her sheaf of paperwork.

LINDA : —death certificate, a report of the death, and the M.E. pink slip. Please try and be as details as possible. Um ... This is a brochure for our Grief Recovery Support Group that meets Tuesdays. And if you'd like at this time, I can refer you at a funeral home, so you can begin making arrangements.

그는 손짓을 하고는 사라진다.
침묵.

올리브　　: 엄마? 할아버지 돌아가신 거야?
셰 릴　　: 그래, 아가야. 돌아가셨어.

셰릴은 올리브를 들어 무릎에 앉히고 껴안는다.
올리브는 흐느끼기 시작한다.
침묵.
잠시 후.
병원 관리인인 린다가 서류 한 뭉치를 들고 들어온다. 그녀는 일거리가 너무 많고 대단히 사무적이다.

린 다　　: 안녕하세요. 시신 처리를 도와드릴 린다라고 합니다.

리처드가 그녀에게 다가간다. 그들은 악수를 나눈다.

린 다　　: 깊은 애도를 표합니다.
리처드　　: 감사합니다.
린 다　　: (빨리) 좋아요. 이것들은 작성해야 할 서류들입니다—

그녀는 리처드에게 서류 뭉치를 건넨다.

린 다　　: —사망 확인서, 사망 신고서, 그리고 검시관 퇴거 통지서입니다. 가능한 한 자세히 써 주세요. 음… 이건 화요일에 모임을 갖는 유가족 상실감 회복 지원 단체의 안내 책자고요. 그리고 지금 원하신다면 시신을 처리할 수 있도록 장의사 연락처도 알려드리죠.

- **administrator**
  관리자, 행정가, 집행자
- **sheaf**
  한 다발, 단, 다발, 뭉치
  a number of pieces of paper tied or held together
- **overburden**
  …에게 (책임, 일 등을) 너무 부담시키다, 과로시키다
  to give somebody or something more work, worry, etc. than they can deal with
- **bereavement**
  (근친을) 여읨, 사별
- **liaison**
  교섭, 연락, 연락자
- **M.E.**
  검시관(= medical examiner)
  a doctor whose job is to examine a dead body in order to find out the cause of death
- **pink slip**
  〈구어〉 해고 통지서, 퇴거 통지서
  a letter given to somebody to say that they must leave their job

My consolations for your loss.
깊은 애도를 표합니다.
I deeply console you for your loss.
와 같은 뜻이다.

Zoom In

My consolations for your loss.
깊은 애도를 표합니다.

RICHARD : Actually, pre-arrangements have already been made in Albuquerque.

LINDA : Albuquerque ...?

RICHARD : Actually, we're on our way to California right now.

LINDA : If the body is crossing state lines, you're gonna need a Burial Transit Permit from the County Registrar's Office ...

RICHARD : Okay, but we're trying to get to Redondo Beach by three o'clock.

LINDA : Three o'clock, today? Huh. Ain't gonna happen.

A beat.

RICHARD : Okay. Uh ... Can I just ... I know that this is a ... this might be a little unusual ...

He leads her to the door.

RICHARD : ... but if maybe we could just go, and then we'll come back and take care of all the paperwork and ...

LINDA : No. You can't abandon the body ...

RICHARD : No, no, no. Nobody's gonna abandon the body.

Both of them speak at the same time.
Sheryl listens to them with anxiety.

리처드 : 실은 장례 처리는 이미 앨버커키에 준비되어 있습니다.
린 다 : 앨버커키요…?
리처드 : 실은 지금 캘리포니아로 여행 중이에요.
린 다 : 시신이 주 경계선을 넘으면 군청으로부터 매장 이동 허가를 받아야 합니다…
리처드 : 좋아요, 하지만 저희는 3시까지는 리돈도 비치에 가야 합니다.
린 다 : 오늘 3시요? 허. 그런 일은 없을 겁니다.

잠시.

리처드 : 좋아요. 저… 그냥 좀… 좀 이상하게 들리겠지만…

그는 문까지 그녀를 안내한다.

리처드 : … 일단 갔다가 다시 돌아와서 서류 모두를 작성하면 안 될까요…
린 다 : 안 됩니다. 시신을 버리고 가시면 안 돼요…
리처드 : 아니, 아니, 아니요. 시신을 버린다는 게 아닙니다.

그들 둘은 동시에 말한다.
셰릴은 근심스럽게 그들의 이야기를 듣는다.

- **burial**
  매장, 토장
  the act or ceremony of burying a dead body
- **registrar**
  호적 사무원, 등기 공무원
  a person whose job is to keep official records, especially of births, marriages and deaths
- **abandon**
  포기하다, 단념하다, 버리다, 유기하다
  to leave somebody, especially somebody you are responsible for, with no intention of returning; to leave a thing or place, especially because it is impossible or dangerous to stay

Ain't gonna happen.
그런 일은 없을 겁니다.
It is not going to happen.의 구어체 표현으로, am not의 단축형인 ain't는 are[is] not, have[has] not의 단축형으로도 쓰인다.

Zoom In

Ain't gonna happen.

그런 일은 없을 겁니다.

LINDA : Otherwise the hospital becomes responsible ...

RICHARD : I just want to go and come back. We just need to go and then we'll come back!

LINDA : Sir, there's a way of doing things around here. Sir? Sir?

RICHARD : You're not following me. I don't think you ...

Frank and Dwayne stare at them talking.
Finally Linda's voice is louder than Richard's.

LINDA : (loudly) Sir! You're not the only one that's had someone die here today, okay?!

Frank opens his eyes wide and looks at Dwayne in surprise.
Silence.
Richard looks at his family, seething. Pause.

RICHARD : (calmly) Is there any way we might be able to view the remains?

88. INT. HOSPITAL CORRIDOR. DAY
Linda leads them along the corridor.

LINDA : We haven't had a chance to move him downstairs. So someone may come in in a few minutes to take him to the basement, just tell them who you are and they'll wait.

RICHARD : Thank you.

LINDA : Okay?

린 다　　: 그렇지 않으면 병원의 책임이 되니까요…

리처드　　: 그냥 갔다가 돌아올 겁니다. 갔다가 돌아온다고요!

린 다　　: 선생님, 여기선 절차란 게 있어요. 아시겠어요?

리처드　　: 제 말을 이해 못하시는군요. 당신은…

프랭크와 드웨인은 그들이 말하는 것을 지켜본다.
마침내 린다의 목소리가 리처드의 그것보다 더 커진다.

린 다　　: (큰 소리로) 보세요! 오늘 여기서 가족을 잃은 사람은 선생님만이 아니에요, 아시겠어요?!

프랭크는 눈을 커다랗게 뜨고 놀라서 드웨인을 바라본다.
침묵.
리처드는 가족을 바라본다. 속이 끓어오른다. 잠시.

리처드　　: (침착하게) 시신을 볼 수 있을까요?

88. 내부. 병원 복도. 낮
린다가 그들을 복도를 따라 안내한다.

린 다　　: 아직 영안실로 옮길 시간이 없었어요. 그러니까 잠시 후 사람이 와서 지하 영안실로 옮길지도 몰라요. 당신들이 누군지 말하면 기다려 줄 거예요.

리처드　　: 고마워요.

린 다　　: 됐죠?

- **seething**
  (화, 흥분 등으로) 속이 끓어오르는, 비등하는
  - seethe
    끓다, 비등하다
    to be extremely angry about something but try not to show other people how angry you are

- **basement**
  지하실
  a room or rooms in a building, partly or completely below the level of the ground

You're not following me.
제 말을 이해 못하시는군요.
I don' t quite follow you. (말씀을 잘 알아들을 수 없군요.)
Do you follow me? (내가 한 말 이해가 되세요?)
follow = understand

Zoom In

You're not following me.

제 말을 이해 못하시는군요.

Linda stops in front of an intensive care room.

LINDA : When you're done with the paperwork I'll be at the nurse's station.

She pulls the curtain open.

RICHARD : Great. Thank you, Linda.

LINDA : Thank you.

She draws the curtain and departs.

89. INT. INTENSIVE CARE ROOM. DAY

They enter. It's quiet. There's a body under a sheet.
Silence.
Richard walks over and peers under it. Everybody stares at Richard. He puts it down.

RICHARD : (under his breath) Goddamn it, Dad. Goddamn it.

He turns away. He starts hyperventilating—choking down the emotion. He doesn't want to lose control, and he's not comfortable showing his feelings.

RICHARD : Stupid.

He shakes his head and takes a few sharp breaths, getting himself under control. Sheryl hugs Olive, stroking her hair. Olive is dry-eyed—this is all new to her. Sheryl bends down and whispers.

SHERYL : We'll go to Little Miss Sunshine next year. Okay, honey?

린다는 집중 치료실 앞에 선다.

린 다 : 서류 작성이 끝나면 간호사 대기실로 가져 오세요.

그녀는 커튼을 당겨 연다.

리처드 : 고맙습니다, 린다.
린 다 : 고마워요.

그녀는 커튼을 닫고 나간다.

89. 내부. 집중 치료실. 낮
그들이 들어온다. 방 안은 조용하다. 시트 아래에 시신이 있다.
침묵.
리처드는 걸어가 시트 아래를 본다. 모두가 리처드를 응시한다. 그는 시트를 내려 놓는다.

리처드 : (작은 목소리로) 젠장, 아버지. 제기랄.

그는 돌아선다. 그는 크게 호흡하기 시작하며 감정을 억제한다. 그는 이성을 잃고 싶지 않다. 자신의 감정을 나타내느라 불편하다.

리처드 : 바보같이.

그는 고개를 저으며 몇 번 숨을 몰아쉬며 자신을 제어한다.
셰릴은 올리브를 껴안고 머리를 쓰다듬는다. 올리브는 울지 않는다—이것 모두는 그녀에게 새롭다. 셰릴은 몸을 숙여 속삭인다.

셰 릴 : 리틀 미스 선샤인은 내년에 출전하자. 알았지, 아가야?

- **under one' s breath**
  작은 목소리로, 소근소근
  below one' s breath; quietly so that people cannot hear
- **hyperventilate**
  (흥분, 놀람 등으로) 크게 숨을 들이쉬다, 호흡 항진하다
  to breathe too quickly because you are very frightened or excited
- **choke down**
  〈감정, 눈물을〉 가까스로 억제하다
  to swallow something with difficulty
- **dry-eyed**
  울지 않는, 냉정한

Goddamn it.
젠장.
Goddamnit.처럼 붙여 쓰기도 하며, 구어체로 '(분노, 울분, 당혹, 놀람 따위를 나타내어) 빌어먹을, 제기랄, 망할'의 뜻이다.

Zoom In

Goddamn it.

젠장.

Dwayne and Frank stare at them.

SHERYL : Next year.

Sheryl wipes her tears.
No one says anything. Finally, Richard turns around. He is very determined.

RICHARD : No, no. We've come seven hundred miles. I'll be damned if I'm not making that contest, Sheryl.

SHERYL : Well, Richard. We can't leave him here.

Richard dumps the paperwork in a wastebasket.

RICHARD : We're not gonna leave him.

He draws aside the curtain and glances into the hallway.

SHERYL : Richard, what are you doing?

He pulls the curtain.

RICHARD : Fuck ...!

He looks desperately around the room. He sees the window. He goes to the window, and tries to open it up.

RICHARD : Dwayne, go around outside.

SHERYL : Richard ... what are you thinking?

드웨인과 프랭크는 그들은 바라본다.

셰 릴 : 내년에.

셰릴은 눈물을 닦는다.
아무도 말하지 않는다. 마침내 리처드는 돌아선다. 그는 매우 결연하다.

리처드 : 안 돼, 안 돼. 우린 700 마일이나 달려 왔어. 그 대회에 참가 안 한다는 건 있을 수 없어, 셰릴.
셰 릴 : 여보, 시신을 여기다 버릴 순 없잖아.

리처드는 쓰레기통에 서류 뭉치를 버린다.

리처드 : 아버지를 버리지 않아.

그는 커튼을 열고 복도를 흘긋 본다.

셰 릴 : 여보, 뭘 하려고?

그는 커튼을 당긴다.

리처드 : 망할…!

그는 절망적으로 방을 돌아다닌다. 그는 창문을 본다. 창문으로 가서 그것을 열려고 시도한다.

리처드 : 드웨인, 밖에 나가 있어.
셰 릴 : 여보… 무슨 생각 하는 거야?

- **determined**
결연한, 단호한, 굳게 결심한
having made a firm decision to do it and you will not let anyone prevent you; showing a person's determination to do something

- **dump**
〈쓰레기 따위를〉 내버리다, 와르르 쏟아 버리다
to get rid of something you do not want, especially in a place which is not suitable; to get rid of somebody or something or leave them for somebody else to deal with

- **desperately**
절망적으로, 자포자기하여, 생각다 못해

I'll be damned if I'm not making that contest.
그 대회에 참가 안 한다는 건 있을 수 없어.
I'll be damned if ...는 '절대로 …아니다'의 뜻으로 어떤 일 하기를 완강히 거절할 때 사용하는 표현이다.

Zoom In

I'll be damned if I'm not making that contest.

그 대회에 참가 안 한다는 건 있을 수 없어.

RICHARD : We're gonna take him with us.

SHERYL : I can't. No, that is not happening. That is not happening.

RICHARD : He's better off with us than with these people!

He tosses his car keys to Dwayne.

RICHARD : Won't you go round outside underneath this window. Frank, you go with him.

SHERYL : No, no, Dwayne. You don't move. No, honey! You stay here. We'll take Olive. Frank can drive!

RICHARD : No, Sheryl. We'll be there in two hours. I'll call, listen to me. I'll call a funeral home once we get there. One thing my father would have wanted is to see Olive perform in the Little Miss Sunshine pageant.

He begins wrapping the body in a sheet.

RICHARD : I believe we'd be doing a grave disservice to his memory if we were to just give up now, all right? There's two kinds of people in this world. There's winners, and there's losers. Okay? You know what the difference is? Winners don't give up. So what are we here? Are we winners? Or are we losers? Huh?

Dwayne nods. Sheryl knows what to do now.

리처드 : 아버질 모시고 가는 거야.
셰 릴 : 그럴 수 없어. 아니, 말도 안 돼. 말도 안 돼.
리처드 : 여기 이 사람들과 있는 것보다 우리랑 가는 게 나아!

그는 차 열쇠를 드웨인에게 던진다.

리처드 : 어서 밖에 나가 이 창문 아래에 있어. 프랭크, 같이 가.
셰 릴 : 안 돼, 안 돼, 드웨인. 가만 있어. 안 돼, 여보! 당신이 여기 남아 있어. 우리가 올리브를 데려갈게. 프랭크가 운전할 수 있어!
리처드 : 아냐, 셰릴. 2시간이면 거기 갈 수 있어. 전화 할 거야, 내 말 들어. 거기 도착 즉시 장의사를 부르겠어. 누구보다 올리브가 리틀 미스 선샤인 대회에 출전하길 바랄 사람은 바로 아버지셔.

그는 시트에다 시신을 싸기 시작한다.

리처드 : 지금 포기한다면 아버지에 대한 기억을 모독하는 거야. 세상에는 두 가지 부류의 사람들이 있어. 승자와 패자가 있을 뿐이야. 그 차이가 뭔지 알아? 승자는 포기하지 않는다는 거야. 그러니까 어떻게 할래? 승자가 될래? 아니면 패자가 될래? 응?

드웨인이 고개를 끄덕인다. 셰릴은 이제 뭘 해야 할지를 안다.

- **pageant**
  콘테스트, 대회
  a competition for young women in which their beauty, personal qualities and skills are judged

- **do a disservice**
  몹쓸 짓을 하다
  to do something that harms somebody and the opinion that other people have of them
  - disservice
    폐, 해, 구박

I'll call a funeral home once we get there.
거기 도착 즉시 장의사를 부르겠어.
once는 접속사로 쓰여 '…하자마자, 일단 …하면'의 뜻이다.

Zoom In

I'll call a funeral home once we get there.

거기 도착 즉시 장의사를 부르겠어.

SHERYL : Okay, okay.

She walks over to the body.

SHERYL : Let's do it.

She holds the sheet in front of Richard.

SHERYL : You guys go. Olive, you watch the curtain.

Dwayne and Frank depart.

90. INT. HALLWAY. HOSPITAL. DAY
Dwayne and Frank come out of the room and walk away.
Linda is on the phone at the nurse's room.

LINDA : (into phone) I don't know. I have no reason to assume it's gonna be otherwise.

셰 릴 : 좋아, 좋아.

그녀는 시신으로 걸어간다.

셰 릴 : 하자.

그녀는 리처드 앞쪽의 시트를 잡는다.

셰 릴 : 너희들은 밖으로 나가. 올리브, 너는 커튼을 지켜봐.

드웨인과 프랭크가 나간다.

90. 내부. 복도. 병원. 낮
드웨인과 프랭크가 방을 나와 걸어간다.
린다는 간호사실에서 전화를 걸고 있다.

린 다 : (전화에다) 모르겠어요. 다른 방법은 없다고 생각해요.

otherwise
다른, 다르게, 달리, 다른 상태로
used to state what the result would be if something did not happen or if the situation were different; apart from that; in a different way to the way mentioned; different; differently

Chapter 7

경찰한테 걸렸어!

I'm Being Pulled Over!

시간 00:58:24 ~ 01:07:21

91. INT. INTENSIVE CARE ROOM. DAY
Richard and Sheryl are ready to carry the body.

RICHARD : (to Olive) Watch. Get the back. Get the back.

He looks out of the window.

RICHARD : Go, go, go!

He and Sheryl move quickly.

92. INT. HALLWAY. HOSPITAL. DAY
Frank and Dwayne hesitate for a while. Finally Frank pushes a button on the wall and the door opens. They exit.

LINDA : (into phone) Yeah, five o'clock.

She looks at her wristwatch.

91. 내부. 집중 치료실. 낮
리처드와 셰릴은 시신을 운반할 준비를 한다.

리처드 : (올리브에게) 망 보고 있어. 뒤쪽을 봐. 뒤쪽을 봐.

그는 창밖을 내다본다.

리처드 : 어서, 어서, 어서!

그와 셰릴은 급히 움직인다.

92. 내부. 복도. 병원. 낮
프랭크와 드웨인은 잠시 주저한다. 문을 여는 방법을 모른다. 마침내 프랭크가 벽 위에 있는 버튼을 누르자 문이 열린다. 그들은 나간다.

린 다 : (전화에다) 그래, 5시야.

그녀는 손목시계를 본다.

- **intensive care**
  집중 (강화) 치료
  - intensive
    집중적인, 철저한
    involving a lot of work or activity done in a short time; extremely thorough; done with a lot of care

- **Get the back.**
  '뒤로 돌아가.'의 뜻으로 뒤쪽을 잘 감시하라는 표현이다.

93. INT. INTENSIVE CARE ROOM. DAY
Richard and Sheryl try to lift the body.

RICHARD : Now, he's very heavy. Be gentle.

Olive gestures for her parents to hurry up.
We can see Frank and Dwayne stand under the window, trying to look inconspicuous.

SHERYL : (V.O.) One, two ...

RICHARD : (V.O.) Okay.

SHERYL & RICHARD: Three!

They lift the body with all their might.

94. EXT. HOSPITAL. DAY
Frank looks around and says to Richard.

FRANK : (whispering) Wait, wait, wait. Not yet, not yet.

Two paramedics pass out of sight.

FRANK : (V.O.) Okay, go. Go, go, go!

95. INT. INTENSIVE CARE ROOM. DAY
Richard stops and tells Sheryl to hush. And then ...

RICHARD : Okay.

They lift the body together.

93. 내부. 집중 치료실. 낮
리처드와 셰릴은 시신을 들려고 애를 쓴다.

리처드 : 엄청 무겁네. 조심해.

올리브는 그들이 빨리 서두르라고 손짓을 한다.
프랭크와 드웨인이 창문 아래에 서 있는 것이 보인다. 눈에 띄지 않으려고 애를 쓴다.

셰 릴 : (목소리) 하나, 둘…

리처드 : (목소리) 좋아.

셰릴과 리처드: 셋!

그들은 전력을 다해 시신을 들어 올린다.

94. 외부. 병원. 낮
프랭크는 주위를 살피며 리처드에게 말한다.

프랭크 : (속삭이며) 잠깐, 잠깐, 기다려. 아직 안 돼, 아직 안 돼.

두 명의 응급 대원이 시야에서 사라진다.

프랭크 : (목소리) 좋아, 지금이야. 어서, 어서, 어서!

95. 내부. 집중 치료실. 낮
리처드가 멈춰 서며 셰릴에게 조용하라고 말한다. 그리고는…

리처드 : 됐어.

그들은 함께 시신을 들어올린다.

- **inconspicuous**
  눈에 띄지 않는, 주의를 끌지 않는
  not attracting attention; not easy to notice

- **paramedic**
  의료 보조자(간호사, 구급대원, 검사 기사 등), 준 의료 활동 종사자
  a person whose job is to help people who are sick or injured, but who is not a doctor or a nurse

Not yet.
아직 안 돼.
Not yet.은 부정문을 대표하여 '아직도 …않다'의 뜻으로, 여기선 Don't lower the bundle yet.의 의미이다.

Zoom In

Not yet.
아직 안 돼.

96. EXT. HOSPITAL. DAY
A big bundle wrapped in a sheet appears at the window.

SHERYL : (V.O.) His knee's ...

RICHARD : (V.O.) I've got him.

97. INT. INTENSIVE CARE ROOM. DAY
Richard edges the bundle off the window ledge.

SHERYL : (to Olive) Come on.

She holds her handbag and begins to exit with Olive.

OLIVE : Daddy. Daddy, hurry up.

Richard gently lowers the bundle to Frank and Dwayne.

RICHARD : You got him? Okay, he's slipping. Okay?

98. EXT. HOSPITAL. DAY
Frank and Dwayne take the bundle and bear it on their shoulders together.

FRANK : I got him, I got him, I got him.

Sheryl runs over and helps them.

OLIVE : (approaching) Be careful.

96. 외부. 병원. 낮
시트로 싼 큰 짐이 창문에 나타난다.

셰 릴 : (목소리) 그의 무릎…
리처드 : (목소리) 내가 잡았어.

97. 내부. 집중 치료실. 낮
리처드는 창턱에서 시신을 조금씩 움직인다.

셰 릴 : (올리브에게) 어서.

그녀는 핸드백을 들고 올리브와 함께 방을 나가기 시작한다.

올리브 : 아빠. 아빠, 빨리요.

리처드는 프랭크와 드웨인에게 그 짐을 살살 내린다.

리처드 : 잡았어? 좋아, 미끄러진다. 됐어?

98. 외부. 병원. 낮
프랭크와 드웨인이 그 짐을 잡고는 함께 어깨 위에 멘다.

프랭크 : 잡았어, 잡았어, 내가 잡았다고.

셰릴이 달려와 그들을 돕는다.

올리브 : (접근하며) 조심해.

- **bundle**
  묶음, 다발, 보따리, 꾸러미, 소포
  a number of things tied or wrapped together; something that is wrapped up; a number of things that belong, or are sold together
- **edge**
  조금씩 나아가다, 비스듬히 나아가다
  to move or to move something slowly and carefully in a particular direction; to put something around the edge of something
- **window ledge**
  창턱
  window sill
- **bear**
  지다, 나르다
  to support the weight of somebody/something

Be careful.
조심해.
Be careful not to drop. Be careful that you don' t drop. 의 의미이다.

Zoom In

Be careful.

조심해.

99. EXT. PARKING LOT. DAY

They scuttle across the parking lot to the VW bus fifty feet away.
Olivc glances around, following them.

SHERYL : Hurry up!

FRANK : Keep watch, Olive. (to Sheryl) Watch it. Watch the curb. Watch the curb.

Finally they arrive at the bus.
Dwayne whips open the VW's back door and they hoist the bundle in.

FRANK : Watch his head! Watch it!

Richard comes sprinting into the parking lot.

RICHARD : Keys!

Dwayne throws the keys to Richard. He opens the door of the driver's seat. Sheryl and Olive open the sliding door.
Frank and Dwayne try to put the bundle safely in the van.

FRANK : (to Dwayne) Swing him around this way.

SHERYL : (V.O.) Olive, get in.

Richard starts up the bus, gets out and helps them push.
They get the bus rolling. The lot is at a slight incline, which helps.

SHERYL : Okay, let's go!

Frank and Dwayne slam the back door closed and then push the bus.

99. 외부. 주차장. 낮

그들은 50피트 떨어져 있는 폭스바겐 버스를 향해 주차장을 가로질러 허둥지둥 달려간다.
올리브는 주위를 살피며 그들을 따라간다.

셰 릴 : 서둘러!

프랭크 : 계속 망 봐, 올리브. (셰릴에게) 조심해. 커브 조심해. 커브 조심해.

마침내 그들은 버스에 도착한다.
드웨인은 폭스바겐 트렁크를 홱 열어젖히고 그들은 그 짐을 들어 안으로 넣는다.

프랭크 : 머리 조심하고! 조심해!

리처드가 주차장으로 쏜살같이 달려온다.

리처드 : 열쇠!

드웨인은 리처드에게 열쇠를 던진다. 그는 운전석 문을 연다. 셰릴과 올리브는 옆문을 연다.
프랭크와 드웨인은 그 짐을 안전하게 차 속에 넣으려고 애쓴다.

프랭크 : (드웨인에게) 시신을 이쪽으로 돌려.

셰 릴 : (목소리) 올리브, 타.

리처드는 버스를 출발시키고는 내려서 그들이 미는 것을 돕는다.
그들은 버스가 굴러가게 한다. 주차장은 약간 경사가 져 있어서 도움이 된다.

셰 릴 : 좋아, 가자!

프랭크와 드웨인은 트렁크 문을 쾅 닫고는 버스를 민다.

- **scuttle**
  황급히 달리다, 허둥지둥 달리다
  to run with quick short steps
- **hoist**
  올리다, 말아 올리다, 감아 올리다, 높이 달다
  to raise or pull something up to a higher position, often using ropes or special equipment
- **incline**
  경사, 기울기, 사면
  a slope

Keep watch.
계속 망 봐.
watch는 '경계, 망보기, 감시, 주의'의 뜻이다.

Zoom In

Keep watch.
계속 망 봐.

RICHARD : (V.O.) Let's go, Frank.

Sheryl jumps in the side door. Frank and Dwayne run behind the bus, pushing like crazy.

FRANK : Did I mention that I'm the pre-eminent Proust scholar in the US?

They sprint along side and jump in.
Richard revs the engine and puts it in third. The bus begins picking the speed.

FRANK : (V.O.) Here we go. Here we go.

SHERYL : (V.O.) Are you okay?

100. EXT. HIGHWAY. DAY
Later.
The VW bus runs fast along the road.

OLIVE : Dad?

RICHARD : Yeah, honey?

101. INT. VW BUS. DAY
Olive is thinking beside Frank.

OLIVE : What's gonna happen to Grandpa?

Richard can't answer to her. Sheryl glances at him.
Silence.
Dwayne lies across the back seat and is fast asleep.
From the back, we see the highway passing as each person is lost in a reverie.

리처드 : (목소리) 서둘러, 프랭크.

셰릴이 옆문으로 올라탄다. 프랭크와 드웨인은 미친 듯이 밀면서 버스 뒤에서 달린다.

프랭크 : 내가 말했나, 내가 전미 최고의 프루스트 학자라고?

그들은 차 옆을 달려 뛰어든다.
리처드는 엔진을 걸고 3단으로 바꾼다. 버스는 속도를 내기 시작한다.

프랭크 : (목소리) 자 간다. 출발이야.
셰 릴 : (목소리) 괜찮아?

100. 외부. 간선 도로. 낮
그 후.
폭스바겐 버스는 도로를 따라 쌩쌩 달린다.

올리브 : 아빠?
리처드 : 왜, 올리브?

101. 내부. 폭스바겐 버스. 낮
올리브는 프랭크 옆에서 생각한다.

올리브 : 할아버지는 어떻게 되는 거예요?

리처드는 대답할 수 없다. 셰릴이 그를 응시한다.
침묵.
드웨인은 뒷 자리에 누워 잠을 잔다.
각자가 공상에 잠겨 있을 때 차 뒤로 간선 도로가 지나가는 것이 보인다.

- **like crazy**
〈구어〉 미친 듯이, 맹렬하게, 무지무지하게
very fast, hard, much, etc.

- **reverie**
환상, 몽상, 백일몽, 공상
a state of thinking about pleasant things, almost as though you are dreaming

Are you okay?
괜찮아?
Are you all right?, Are you OK? 등으로 말할 수도 있다.

Zoom In

Are you okay?
괜찮아?

102. EXT. HIGHWAY. DAY

The bus runs fast. The sky is so blue.

OLIVE : (V.O.) Uncle Frank?

FRANK : (V.O.) Yeah?

103. INT. VW BUS. DAY

OLIVE : Do you think there's a heaven?

FRANK : It's hard to say, Olive. I don't think anyone knows for sure.

OLIVE : I know, but ... what do you think?

FRANK : Um ... Well ...

OLIVE : I think there's one.

FRANK : Do you think I'll get in?

OLIVE : Yes!

FRANK : You promise?

OLIVE : Yes!!!

Frank smiles.

104. EXT. ON THE ROAD. DAY

The bus runs among the cars.

105. INT. VW BUS. DAY

Sheryl looks at Richard, reaches over and rubs his shoulder. Richard glances at her, keeps driving.

Suddenly a car cuts in front of him. He brakes.

102. 외부. 간선 도로. 낮
버스는 빨리 달린다. 하늘은 몹시 푸르다.

올리브 : (목소리) 프랭크 삼촌?
프랭크 : (목소리) 응?

103. 내부. 폭스바겐 버스. 낮

올리브 : 천국이 있을까요?
프랭크 : 말하긴 어렵단다, 올리브. 아무도 확실히 모르니까.
올리브 : 알아요, 하지만… 삼촌 생각은 어때요?
프랭크 : 음… 나야…
올리브 : 전 있다고 생각해요.
프랭크 : 내가 갈 수 있을까?
올리브 : 네!
프랭크 : 약속하니?
올리브 : 네!!!

프랭크는 웃는다.

104. 외부. 노상. 낮
버스가 차들 사이로 달린다.

105. 내부. 폭스바겐 버스. 낮
셰릴이 리처드를 바라보고는 손을 내밀어 그의 어깨를 쓰다듬는다.
리처드는 그녀에게 시선을 주고는 계속 차를 몬다.
갑자기 차 한 대가 그 앞에 끼어 든다. 그는 브레이크를 밟는다.

- **heaven**
  천국, 천당, 극락
  the place believed to be the home of God where good people go when they die; a place or situation in which you are very happy

- **rub**
  비비다, 문지르다, 마찰하다
  to move your hand, or something such as a cloth, backwards and forwards over a surface while pressing firmly

- **brake**
  (사람이) 브레이크를 걸다[밟다]
  to slow down or make a vehicle slow down using the brake

What do you think?
어떻게 생각해요?
뜻밖의 말을 꺼낼 때 사용하는 표현으로 How do you think?라고 하지 않도록.

Zoom In

What do you think?

어떻게 생각해요?

RICHARD : Whoa! Hey, son of a bitch!

He honks the horn loudly at the guy.

FRANK : What happened?

RICHARD : He cut me off!

The horn keeps honking intermittently.
Richard tries to pull the horn button up. Instead, he gets a long continuous hoooonk.

SHERYL : Okay, just leave it ...!

RICHARD : It's stuck or something. Aahhh ...!

SHERYL : Maybe try pulling it from here.

She tries to lift up another part. Hoooonk.

RICHARD : No, no. Just leave it.

She stops.

RICHARD : I'll fix it when we get there!

SHERYL : Okay, fine!

Richard hits the horn button.

RICHARD : Dammit!

리처드 : 우와! 야, 망할 자식!

그는 그 사람에게 크게 경적을 울린다.

프랭크 : 왜 그래?
리처드 : 저 녀석이 가로막잖아!

경적이 간헐적으로 계속 울린다.
리처드는 경적 버튼을 끌어 올리려고 한다. 대신, 그것은 계속 길게 빵빵거린다.

셰 릴 : 그만 내버려 둬요…!
리처드 : 어디 걸렸나 봐. 아아아…!
셰 릴 : 이걸 당겨 봐.

그녀는 다른 부분을 들어 올리려고 한다. 계속 경적 소리.

리처드 : 안 돼, 안 돼. 그냥 내버려 둬.

그녀는 멈춘다.

리처드 : 거기 도착해서 고치면 돼!
셰 릴 : 맘대로 해!

리처드는 경적 버튼을 친다.

리처드 : 빌어먹을!

- **son of a bitch**
  〈속어〉 개새끼, 개자식(심히 모욕적인 언사; 약어로 SOB)
  - bitch
    암캐, 〈속어〉 계집, 음탕한 여자, 불유쾌한 것
    a female dog; an offensive way of referring to a woman, especially an unpleasant one; a thing that causes problems or difficulties

- **intermittently**
  간헐적으로, 때때로 중단되며
  - intermittent
    간헐적인, 때때로 중단되는
    stopping and starting often over a period of time, but not regularly

He cut me off!
저 녀석이 날 가로막잖아!
cut off는 '가로막다, 끊다 (= to block or get in the way of something)'의 뜻이다.

Zoom In

He cut me off!

저 녀석이 날 가로막잖아!

106. EXT. HIGHWAY. DAY
The van, its horn blaring, cruises along the road.

107. INT. VW BUS. DAY
Richard hears a siren. It's from a State Trooper.
He sees the trooper in the rear-view mirror.

RICHARD : Oh, Jesus! God! I'm being pulled over!

He sees a cruiser following in the side mirror.

RICHARD : Here we go.

108. EXT. ROAD. DAY
Richard pulls onto a breakdown lane and stops. The horn continues honking intermittently.

RICHARD : (V.O.) Okay. Everybody, just pretend to be normal, okay? Like everything's normal here.

The trooper stops his cruiser behind the bus.

109. INT/EXT. VW BUS. DAY
Dwayne looks back through the window anxiously.
The trooper, a 50-ish California Highway Patrolman, approaches Richard.
He taps on the door.
Richard rolls down the window.

POLICE OFFICER : How you folks doing?

RICHARD : Yeah, yeah, we're fine. Just ...

106. 외부. 간선 도로. 낮
차는 계속 경적을 울리며 도로를 따라 달린다.

107. 내부. 폭스바겐 버스. 낮
리처드는 사이렌 소리를 듣는다. 그건 주 경찰관으로부터 나는 소리다. 그는 후면 거울을 통해 그 경찰관을 본다.

리처드 : 아, 맙소사! 이런! 경찰한테 걸렸어!

그는 옆 거울에서 경찰 순찰차가 따라오고 있는 것을 본다.

리처드 : 자, 세운다.

108. 외부. 길. 낮
리처드는 구난차 레인에 들어와 선다. 경적은 간헐적으로 계속 울린다.

리처드 : (목소리) 좋아. 자, 모두 자연스럽게 행동해, 알았지? 아무 일 없는 것처럼.

경찰관이 버스 뒤에다 순찰차를 세운다.

109. 내부/외부. 폭스바겐 버스. 낮
드웨인이 근심스런 얼굴로 창문을 통해 뒤를 본다.
그 경찰관은 50세쯤 되는 캘리포니아 간선 도로 순찰원으로 리처드에게 다가온다.
그는 문을 두드린다.
리처드는 창문을 내린다.

경찰관 : 다들 안녕하세요?
리처드 : 네, 네, 좋아요. 그저…

- **blare**
(나팔, 경적 등이) 울려 퍼지다, 쾅쾅 울리다
to make a loud unpleasant noise
- **trooper**
주 경찰관
a member of a State police force
- **cruiser**
경찰 순찰차
a squad car; a police car
- **-ish**
대략, 무렵, …쯤 되는

I'm being pulled over!
경찰한테 걸렸어!
pull over는 '차를 길가에 붙이다[세우다]'의 뜻으로 I'm being pulled over by the police!의 의미이다.

Zoom In

I'm being pulled over!
경찰한테 걸렸어!

The honks continue.

RICHARD : Sorry!

POLICE OFFICER : Little trouble with the horn?

RICHARD : What?

POLICE OFFICER : Having a little trouble with your horn?

RICHARD : Yeah. (honk) A little trouble. (honk) Sorry! (honk) Sorry!!!

POLICE OFFICER : Could you step outside the vehicle?

Reluctantly, Richard gets out. The officer gestures towards the back of the van.

POLICE OFFICER : Step this way, please.

RICHARD : No. No.

POLICE OFFICER : (stops) What?

RICHARD : Don't ...!

POLICE OFFICER : Don't what?

He stares at Richard feeling suspicious.

POLICE OFFICER : Do you have something in your trunk, sir?

RICHARD : It's nothing. I ... Don't open it.

POLICE OFFICER : Sir, you realize you've just given me probable cause to search your trunk?

RICHARD : I just ...

POLICE OFFICER : Sir, put your hands on top of the vehicle, now!

RICHARD : I just ...

경적이 계속된다.

리처드 : 미안해요!
경찰관 : 경적이 고장 났나요?
리처드 : 네?
경찰관 : 경적에 문제가 있냐고요?
리처드 : 네. (경적) 약간이요. (경적) 죄송합니다! (경적) 죄송해요!!!
경찰관 : 잠시 내려 주시겠어요?

마지못해서, 리처드는 내린다. 경찰관은 차 뒤를 향해 손짓을 한다.

경찰관 : 이쪽으로 오세요.
리처드 : 안 돼요. 안 됩니다.
경찰관 : (멈춘다) 네?
리처드 : 안 돼요…!
경찰관 : 뭐가 안 된다고요?

그는 수상쩍게 생각하며 리처드를 바라본다.

경찰관 : 트렁크에 뭐가 있습니까, 선생?
리처드 : 아무것도 아닙니다. 난… 열지 마세요.
경찰관 : 선생, 정말 트렁크를 확인해야 할 행동을 하시는군요.
리처드 : 전 그냥…
경찰관 : 선생, 차량에 손 얹으세요, 당장!
리처드 : 전 그냥…

- **reluctantly**
  마지 못해서, 달갑지 않게, 마음이 내키지 않은 채
  - reluctant
    마음이 내키지 않는, 마지 못해 하는, 달갑지 않은
    hesitating before doing something because you do not want to do it or because you are not sure that it is the right thing to do

- **suspicious**
  의심하는, 혐의를 일으키는, 수상쩍은
  feeling that somebody has done something wrong, illegal or dishonest, without having any proof; making you feel that something is wrong, illegal or dishonest; not willing or able to trust somebody or something

Little trouble with the horn?
경적이 고장 났나요?
Do you have a little trouble with the horn?, Is there a little trouble with your horn? 등의 표현이다.

Zoom In

Little trouble with the horn?

경적이 고장 났나요?

POLICE OFFICER : Now!

Everybody in the van sees Richard put his hands on the vehicle.

POLICE OFFICER : Don't move!

RICHARD : Okay.

The officer walks back towards the trunk.

RICHARD : It's not illegal.

POLICE OFFICER : Sir, I'd advise you to keep your mouth shut!

110. INT. VW BUS. DAY

Everyone surreptitiously watches.

SHERYL : (sotto) Oh, God. What is he doing?!

111. EXT. HIGHWAY. DAY

The officer opens the trunk. Richard and everyone in the van close their eyes—this is the end.

RICHARD : It's not illegal.

POLICE OFFICER : Goddamn!!!

Grandpa's porn magazines fall on the ground. He picks them up, which have spilled onto the road.

POLICE OFFICER : Sir, could you come back here?

경찰관 : 빨리!

차 속의 모두는 리처드가 차 위에 손을 올려놓는 것을 본다.

경찰관 : 움직이지 말아요!
리처드 : 알겠어요.

경찰관은 트렁크를 향해 걸어간다.

리처드 : 불법은 아닙니다.
경찰관 : 선생, 입 좀 다물고 계시라고 충고하고 싶군요!

110. 내부. 폭스바겐 버스. 낮
모두가 몰래 지켜본다.

셰 릴 : (낮은 목소리로) 오, 세상에. 뭐 하는 거야?!

111. 외부. 간선 도로. 낮
경찰관이 트렁크를 연다. 리처드와 차 속의 모두는 눈을 감는다—이젠 끝이로구나.

리처드 : 불법은 아니라니까요.
경찰관 : 망할!!!

할아버지의 포르노 잡지가 땅바닥에 떨어진다. 그는 도로 위에 흩어져 있는 그것들을 집는다.

경찰관 : 선생, 이쪽으로 좀 와 주시겠어요?

- **illegal**
  불법의, 위법의, 비합법적인
  not allowed by the law

- **surreptitiously**
  몰래, 남 모르게
  • surreptitious
  비밀의, 몰래 하는, 부정의
  done secretly or quickly, in the hope that other people will not notice

- **sotto**
  낮은 목소리로, 방백으로
  • sotto voce
  =under the voice

I'd advise you to keep your mouth shut!
입 좀 다물고 계시라고 충고하고 싶군요!
would는 말하는 사람의 의견이나 감정을 완곡하게 표현한다.

Zoom In

I'd advise you to keep your mouth shut!

입 좀 다물고 계시라고 충고하고 싶군요!

Richard walks back.
The bundled sheet sits in plain sight. The officer, distracted, gathers the magazines and stands. He grins.

POLICE OFFICER : Oh! I love this stuff. I love it. God bless you. God bless you.

Richard stands in front of him to hide the bundled sheet.

POLICE OFFICER : Don't worry. I'm not gonna bust you.

RICHARD : Thank you.

The officer looks in the bus, smiles and waves at Sheryl.

POLICE OFFICER : How you doing?

Sheryl waves back.

POLICE OFFICER : (to Richard) Cute. Cute family. That's nice.

RICHARD : Thank you.

POLICE OFFICER : (looking at the magazines) And this on the side. Little of this, little of that. Oh ...!

RICHARD : Sweet, sweetness.

POLICE OFFICER : That is sweet, yeah.

RICHARD : And dirty.

POLICE OFFICER : And this one is one of my favorites. (laughs) Ah, good. Yeah.

리처드는 뒤로 걸어간다.
시트로 싼 짐이 훤히 보이는 채로 놓여 있다. 경찰관은 마음이 산란한 채 잡지들을 모아들고 일어선다. 그는 싱긋 웃는다.

경찰관 : 아! 이건 저도 무척 좋아하는 겁니다. 무척 좋아해요. 신의 은총을. 신의 은총을.

리처드는 시트로 싼 짐을 숨기기 위해 그 앞에 선다.

경찰관 : 걱정 마세요. 체포 안 할 테니까.
리처드 : 감사합니다.

경찰관은 버스 안을 보고 웃으며 셰릴에게 손을 흔든다.

경찰관 : 안녕하세요?

셰릴은 손을 흔들어 답한다.

경찰관 : (리처드에게) 귀엽네요. 귀여운 가족이네요. 멋져요.
리처드 : 감사합니다.
경찰관 : (잡지들을 보면서) 취미로 이런 걸 보시다니. 아…!
리처드 : 정말 사랑스럽죠.
경찰관 : 정말 그래요.
리처드 : 야하기도 하고.
경찰관 : 이건 저도 좋아해요. (웃는다) 아, 멋지군요. 그래요.

- **in plain sight**
  앞이 (가리는 것이 없이) 잘 보여
- **distracted**
  마음이 산란한, 미친 듯한
  unable to pay attention to somebody or something, because you are worried or thinking about something else
- **bust**
  〈속어〉 현행범으로 체포하다, (경찰이) 급습하다
  (of the police) to suddenly enter a place and search it or arrest somebody

God bless you.
그대에게 신의 가호가 있기를.
관용 표현으로 '그대에게 신의 은총이 있기를, 대단히 감사합니다, 저런, 아가엾어라' 등의 뜻이다.

Zoom In

God bless you.

그대에게 신의 가호가 있기를.

He shuffles through the magazines with a connoisseur's eye.
The next magazine: Buns & Ammo.
A beefy, whiskered stud gazes smolderingly from the cover.

POLICE OFFICER : That's a little different choice.

He looks at Richard.

RICHARD : No?

POLICE OFFICER : (offering the magazines) I'll leave that with you.

RICHARD : All right.

POLICE OFFICER : You have a good day there.

RICHARD : Yeah.

The officer leaves.
Richard puts the magazines in the van and closes the trunk. The horn continues honking intermittently.
He walks to the front, climbs in, slams the door.

112. INT. VW BUS. DAY

SHERYL : What happened?!

RICHARD : (closes his eyes) I'll tell you when I regain consciousness.

113. EXT. HIGHWAY. DAY
The trooper's cruiser pulls back onto the highway.

RICHARD : Frank, Dwayne. Get out and push.

Everyone except Olive gets out and begins to push the van.

그는 전문가의 눈으로 잡지들을 교묘하게 훑는다.
다음 잡지는 '번즈 & 애모'다.
근육이 발달하고 수염이 난 멋진 남자가 표지로부터 마음에 서리게 바라본다.

경찰관 : 이건 좀 색다르네.

그는 리처드를 바라본다.

리처드 : 싫어요?
경찰관 : (잡지들을 내밀며) 그건 그냥 가지시죠.
리처드 : 네.
경찰관 : 좋은 하루 보내세요.
리처드 : 네.

경찰관이 물러난다.
리처드는 차 속에 잡지들을 넣고는 트렁크를 닫는다. 경적은 간헐적으로 계속 울린다.
그는 앞쪽으로 걸어가 차에 올라 문을 쾅 닫는다.

112. 내부. 폭스바겐 버스. 낮

셰 릴 : 무슨 일이야?!
리처드 : (눈을 감는다) 정신 차리면 말해 줄게.

113. 외부. 간선 도로. 낮
경찰관의 순찰차가 간선 도로로 돌아간다.

리처드 : 프랭크, 드웨인. 나가서 밀어줘.

올리브만 빼놓고 모두가 내려서 차를 밀기 시작한다.

- **shuffle through**
  용케 해내다, 교묘하게 타개하다
  - shuffle
    발을 질질 끌다, 끌며 걷다
    to walk slowly without lifting your feet completely off the ground; to move your feet in an awkward or embarrassed way

- **connoisseur**
  전문가, 감정가, …통
  an expert on matters involving the judgment of beauty, quality or skill in art, food or music

- **beefy**
  근육이 발달한
  (of a person or their body) big or fat

- **stud**
  〈속어〉 멋진 남자, 정력이 절륜한 남자
  a man who has many sexual partners and who is thought to be sexually attractive

- **smolderingly**
  사무치게, 마음이 서리게

I'll leave that with you.
그건 당신이 가지시죠.
leave something with는 '물건을 …에게 남기다, 맡기다, 전달하다'의 의미이다.

Zoom In

I'll leave that with you.

그건 당신이 가지시죠.

114. EXT. HIGHWAY. DAY
They are cruising. The horn honks in occasional spurts.

115. INT. VW BUS. DAY
Sheryl looks out of the front window and checks the sign.

SHERYL : Okay, there it is. Redondo Beach, forty six!

Olive plays with an eye chart she got at the hospital. She points at a diminishing set of "E"s.
Dwayne is in the back seat.

RICHARD : It's 2:15! Might be a few minutes late.

SHERYL : No, Richard! They said three o'clock sharp! They were very explicit. We can't cross these people. Trust me.

OLIVE : Mom, Dwayne has 20/20 vision!

SHERYL : I bet he does.

OLIVE : Okay. Now I'm gonna check to see if you're color-blind.

She pulls out a new flyer.
A horn of a passing car honks loudly.

MAN : (V.O.) Asshole!

Richard looks out of the window and tries to explain mutely there's something wrong with his horn.

OLIVE : What's the letter in the circle?

114. 외부. 간선 도로. 낮
그들은 계속 달린다. 경적은 이따금씩 터지며 빵빵거린다.

115. 내부. 폭스바겐 버스. 낮
셰릴은 전면 창밖을 내다보며 표지판을 확인한다.

셰 릴 : 좋아, 저기야. 리돈도 비치 46!

올리브는 병원에서 가져온 시력 검사표를 갖고 논다. 그녀는 점감하는 'E' 자 세트를 가리킨다.
드웨인은 뒷 좌석에 앉아 있다.

리처드 : 지금 2시 15분이니까 몇 분 늦을지도 몰라.
셰 릴 : 안 돼, 여보! 정확히 3시까지라고 했어! 얼마나 정확한 사람들인데. 그들을 거스를 수는 없어. 정말이야.
올리브 : 엄마, 오빠 시력이 2.0이야!
셰 릴 : 틀림없이 그럴 거다.
올리브 : 좋아. 그럼 이제 오빠가 색맹인지 확인하는 거야.

그녀는 새로운 전단지를 꺼낸다.
지나가는 차의 경적이 크게 울린다.

남 자 : (목소리) 망할 자식!

리처드는 창밖을 내다보며 차의 경적이 고장 났다는 것을 무언으로 설명하려고 한다.

올리브 : 원 안의 글씨가 뭐야?

- **spurt**
  격발, 분출
- **diminishing**
  점감하는
  - diminish
    줄이다, 감소하다, 줄다
    to become or to make something become smaller, weaker, etc.
- **explicit**
  명백한, 뚜렷한, 노골적인
  (of a statement or piece of writing) clear and easy to understand; (of a person) saying something clearly, exactly and openly
- **cross**
  거스르다, 거역하다
  to oppose somebody or speak against them or their plans or wishes
- **color-blind**
  색맹의
  unable to see the difference between some colors, especially red and green
- **mutely**
  입을 다물고, 죽은 목소리로
  without speaking

I bet he does.
틀림없이 그럴 거다.
I bet ...는 I'll bet ...으로도 표현하며 '장담하다, 단언하다, 보증하다'의 뜻이다.

Zoom In

I bet he does.

틀림없이 그럴 거다.

She holds up a chart with a red circle. Inside the circle, in a mosaic pattern, is a bright green letter "A." Dwayne makes a gesture, "There's nothing there."

OLIVE : No, no, no. Inside the circle! Right there, see?

Dwayne shakes his head again.

OLIVE : It's an "A"! Can't you see it? Right there!

Dwayne takes the chart and stares at it.

FRANK : It's bright green.

Dwayne shakes his head helplessly. Frank turns away.

FRANK : Oh, man.

Dwayne pulls out his pad and writes. It reads:
"What?"
Frank sighs.

FRANK : Dwayne, I think you might be color-blind.

Dwayne doesn't understand.
A beat.

FRANK : You can't fly jets if you're color-blind.

그녀는 붉은 원으로 된 표를 집어 든다. 원 안에는 모자이크 형태로 선녹색 'A' 글자가 보인다. 드웨인은 손짓을 한다. "거기엔 아무것도 없어."라고.

올리브 : 아니, 아니, 아니. 원 안의 글씨 말야! 여기, 보이지?

드웨인은 다시 고개를 흔든다.

올리브 : 'A'라고 씌어 있잖아! 그게 안 보여? 여기!

드웨인은 표를 받아들고 자세히 바라본다.

프랭크 : 선녹색으로 씌어 있어.

드웨인은 무력하게 머리를 흔든다. 프랭크가 몸을 돌린다.

프랭크 : 오, 이런.

드웨인은 종이철을 꺼내 적는다. 그것은 다음과 같다.
"왜요?"
프랭크는 한숨을 쉰다.

프랭크 : 드웨인, 너 색맹인 거 같다.

드웨인은 이해가 안 간다.
잠시.

프랭크 : 색맹이면 제트기 조종은 할 수 없어.

- **mosaic**
  모자이크, 모자이크 세공, 모자이크식의 물건
  a picture or pattern made by placing together small pieces of glass, stone, etc. of different colors

- **helplessly**
  무력하게, 어찌해 볼 수도 없이, 속수무책으로
  - helpless
    (제 힘으로) 어찌할 수 없는, 속수무책인, 무력한
    unable to take care of yourself or do things without the help of other people

Oh, man.
이런.
구어체의 감탄사로 Man!은 '(놀라움, 열광, 낙담을 표현하여) 야! 이런! 어머나!'의 뜻이다.

Zoom In

Oh, man.

이런.

Dwayne does nothing. Then he seems to implode in on himself, hitting the door over and over again with his hands.
Frank shouts towards the front.

FRANK : We've got a little bit of ... Okay, we've got an emergency back here!

Richard and Sheryl look back at Dwayne, surprised.
Dwayne sheds tears hitting the door.

SHERYL : I think we just gotta pull over ...

RICHARD : What is it? What's the emergency?

FRANK : Just pull over!

Dwayne holds the front seat and shakes it madly, weeping.
Olive is at a loss what to do.

RICHARD : Wait, wait! It's all right, man. Dwayne, Dwayne, it's all right. Hold on!

Dwayne is raving mad and is beyond their control.

SHERYL : Just pull over the car! I'm not kidding!

RICHARD : All right!

FRANK : Sheryl, get him to pull over, please?

SHERYL : Richard, pull over! Pull over the car!

RICHARD : That's all right.

FRANK : We're pulling over.

드웨인은 말이 없다. 그러다가 그는 자신에 대해 내부에서 폭발하는 것 같다. 그는 두 손으로 문을 계속 두드린다.
프랭크는 앞쪽을 향해 소리친다.

프랭크 : 약간의 문제가 생긴 것 같아… 여기 응급 상황이라고!

리처드와 셰릴은 놀라서 드웨인을 돌아본다.
드웨인은 문을 치면서 눈물을 흘린다.

셰 릴 : 차를 세워야 할 것 같아…
리처드 : 왜 그래? 응급 상황이라니?
프랭크 : 차 세워!

드웨인은 앞 좌석을 잡고는 울면서 미친 듯이 흔든다.
올리브는 어떻게 할지 몰라 당황한다.

리처드 : 기다려, 기다려! 괜찮아. 드웨인, 드웨인, 괜찮아. 기다려!

드웨인은 완전히 이성을 잃어서 그들이 어찌할 수 없다.

셰 릴 : 그냥 차를 세워! 농담 아냐!
리처드 : 괜찮다니까!
프랭크 : 셰릴, 빨리 세우게 해!
셰 릴 : 리처드, 세워! 차 세워!
리처드 : 알았어.
프랭크 : 세우고 있어.

■ **implode**
내파하다, 안쪽으로 파열하다
to burst or explode inwards; (of an organization, a system, etc.) to fail suddenly and completely

■ **raving**
〈구어〉 대단히, 굉장하게
used to emphasize a particular state or quality

We've got an emergency back here!
여기 응급 상황이 생겼어!
We' ve got a state of emergency back here.의 의미이다.

Zoom In

We've got an emergency back here!
여기 응급 상황이 생겼어!

RICHARD : I'm pulling over.

FRANK : Please! No, no, no. Dwayne! Dwayne! Sit down!

OLIVE : Dad!

RICHARD : God, this better be good. I'm pulling over. All right! All right!

SHERYL : Stop the car!

리처드 : 세우고 있다고.

프랭크 : 제발! 안돼, 안 돼, 안 돼. 드웨인! 드웨인! 앉아 있어!

올리브 : 아빠!

리처드 : 별거 아니면 가만히 안 둬. 지금 세우고 있어. 알았다고! 알았다고!

셰 릴 : 차 세워!

This better be good.
구어체로 This had better be good.의 준말이며 'I expect great things from this.'의 뜻이다. 즉 '뭐 굉장한 일 같은데 (아무것도 아니면 가만히 안 둬)'의 의미.

MOVIE TALK

선댄스 영화제
(The Sundance Film Festival)

〈리틀 미스 선샤인〉은 이른바 선댄스 영화제에서 박수갈채를 받은 영화이다. 그렇다면 독립 영화와 관련이 있는 선댄스 영화제는 어떤 축제일까?

한마디로 이것은 1985년 미국의 배우 겸 감독인 로버트 레드퍼드가 주축이 되어 만든 영화제다. 매년 1월 20일 미국의 서부 유타 주 파크 시티에서 열리는데, 독립 영화와 다큐멘터리 영화를 위한 영화제인 셈이다. 선댄스라는 이름은 로버트 레드퍼드의 히트작인 〈Butch Cassidy and the Sundance Kid〉(내일을 향해 쏴라)에서 자신이 맡았던 역인 the Sundance Kid에서 따온 것이다. 그는 당시 솔트레이크 시티에서 열리던 이름 없는 한 영화제를 후원하게 되었고, 선댄스 협회(The Sundance Institute)를 설립하고 후에 미국 영화제(The United States Film Festival)를 흡수하여 선댄스 영화제를 만들게 되었다.

그러니까 선댄스 영화제는 인디 영화의 축제로, 점점 자본의 노예가 되어가는 할리우드 영화 산업에 반기를 들면서, 독립 · 퀴어 영화에 많은 관심을 기울이는 것으로 유명한 영화제이기도 하다. 영화제가 시작된 초반에는 독립 영화인들의 작은 잔치에 불과했지만 1989년 선댄스 영화제에서 관객상을 수상했던 스티븐 소더버그의 〈섹스, 거짓말 그리고 비디오테이프〉가 칸 영화제에서 황금종려상과 남우주연상을 받게 되면서부터 국제적인 스포트라이트를 받는 영화제가 되었다. 이제는 미국에서 가장 큰 독립 영화제로 성장했으며, 미국과 세계의 독립 영화 제작자들이 만든 새로운 작품들이 특별히 개봉 전시된다. 여기에는 미국과 세계의 극영화와 다큐멘터리 영화, 그리고 선댄스 온라인 영화제를 포함하는 일단의 비경쟁 부문의 전시를 위한 경쟁 부문이 있다. 이를 통해 코엔 형제(Coen brothers), 쿠엔틴 타란티노 등 많은 쟁쟁한 젊은 감독들이 배출되었고, 1999년의 초저예산 영화 〈블레어 위치〉는 수많은 관객을 모았다.

최근에는 한국 영화와도 인연이 깊은데 1996년에는 박철수 감독의 〈301 · 302〉가 출품되어 처음으로 이 영화제의 월드 섹션 부문에 선정되어 화제를 모았고, 1997년 박철수 감독의 〈학생 부군 신위〉가 같은 부문에 초청되었다. 2000년에는 이명세 감독의 〈인정사정 볼 것 없다〉가 초청을 받았고, 1999년 이지호 감독의 단편 영화 〈동화〉는 국내 최초로 경쟁작 부문에 출품되기도 했다.

하지만 수십 년에 걸치는 동안 영화제는 할리우드 시스템 밖에서 활동하는 저예산의 독립 창작자들을 위한 눈에 띄지 않는 회합 장소에서 할리우드의 유명 배우들과 메이저 스튜디오들의 부속물인 스튜디오 출신의 감독들, 파파라치, 그리고 참석자들에게 선물을 주는 사치품 회사의 스폰서들을 위한 매스 미디어의 호화찬란한 쇼로 변했다.

LITTLE MISS SUNSHINE

Chapter 8

딸애를 출전만 시켜 달라는 겁니다!

We Just Want Her to Compete!

시간 01:07:22 ~ 01:16:41

116. EXT. SIDE OF THE INTERSTATE. DAY
The bus pulls into the break-down lane beside the highway.

RICHARD : Okay! Okay!

SHERYL : It's gonna be okay, Dwayne.

RICHARD : Do not open the door when we're stopping!

SHERYL : Oh, God!

The door slides open and Dwayne gets out onto the grassy slope by the side of the road. He runs down with his head in his hands. This is the first time we've heard his voice.

DWAYNE : (shouting) Fuck!!!

Beat.
Thirty yards away Dwayne falls to his knees, buries his hands and face in the grass, and shrieks like a wild animal.

116. 외부. 주간 간선 도로변. 낮

버스가 간선 도로 옆 구난 차선으로 들어온다.

리처드　: 좋아!

셰 릴　: 괜찮을 거야, 드웨인.

리처드　: 차 세울 때까지 문 열지 마!

셰 릴　: 오, 맙소사!

문이 미끄러지듯 열리면서 드웨인이 길 옆의 풀로 덮인 비탈로 뛰어나간다. 그는 손으로 머리를 감싼 채 뛰어내려 간다. 처음으로 그의 목소리를 듣는다.

드웨인　: (소리를 치며) 젠장!!!

잠시.

30 야드 떨어진 곳에서 드웨인은 무릎을 꿇고 손과 얼굴을 풀에 묻은 채로 야생 동물처럼 꽥 소리를 지른다.

- **pull into**
  …에 도착하다, (열차가) 역에 들어오다
- **slope**
  비탈, 사면, 경사지
  a surface or piece of land that slopes; an area of land that is part of a mountain or hill
- **shriek**
  비명을 지르다, 날카로운 소리로 울다, 소리를 지르며 말하다
  to give a loud high shout, for example when you are excited, frightened or in pain

DWAYNE : Fuck!!!

The others get out of the car and watch him.

SHERYL : (to Frank) What happened?

FRANK : He's color-blind. He can't fly.

Dwayne blubbers.

SHERYL : Oh, Jesus. Oh, no.

Beat.
There's an out-of-control quality to his behavior that is scary and disturbing.
The others don't know what to do. Richard starts walking towards Dwayne.

SHERYL : Just, just give him a second.

Moments later.
Finally, Sheryl walks down the slope and approaches Dwayne.
Dwayne sits there crying.

SHERYL : Dwayne? Dwayne, honey? I'm sorry.

He says nothing. She sighs.
Beat.

SHERYL : Dwayne, come on. We have to go.

DWAYNE : I'm not going.

SHERYL : Dwayne ...

드웨인 : 젠장!!!

나머지 식구들은 차에서 내려 그를 지켜본다.

셰 릴 : (프랭크에게) 왜 그래?
프랭크 : 그는 색맹이야. 그는 비행 못해.

드웨인은 소리를 내어 운다.

셰 릴 : 오, 맙소사. 어떻게 해.

잠시.
무섭고 불안하게 하는 그의 행동에는 통제할 수 없는 특성이 있다.
나머지 사람들은 어찌할 바를 모른다. 리처드는 드웨인을 향해 걸어가기 시작한다.

셰 릴 : 잠깐 혼자 있게 둬.

잠시 후.
마침내 셰릴이 비탈을 걸어 내려가 드웨인에게 다가간다.
드웨인은 울면서 거기 앉아 있다.

셰 릴 : 드웨인? 드웨인, 애야? 어떻게 하니.

그는 아무 말도 하지 않는다. 그녀는 한숨을 쉰다.
잠시.

셰 릴 : 드웨인, 어서. 그만 가야 해.
드웨인 : 안 가요.
셰 릴 : 드웨인…

- **blubber**
  (소리를 내어) 울다, 엉엉 울다
  to cry noisily
- **out-of-control**
  제어할 수 없는, 통제할 수 없는
  being or becoming impossible to manage or to control
- **disturbing**
  불안하게 하는, 불온한
  making you feel anxious and upset or shocked

Just give him a second.
잠깐 시간을 줘.
Just leave him alone for a second.의 의미이다.

Zoom In

Just give him a second.
잠깐 시간을 줘.

DWAYNE : I said I'm not! Okay? I don't care! I'm not getting in that bus again!

SHERYL : Dwayne, for better or worse, we're your family.

Dwayne stands up and screams at them.

DWAYNE : You're not my family! Okay? I don't wanna be your family! I hate you fucking people! I hate you!

He points at them.

DWAYNE : Divorce! Bankrupt! Suicide! You're fucking losers! You're losers!

Everyone is stunned by this outburst.
Sheryl walks up to him offering her hands.

DWAYNE : No. Please just leave me here, Mom. Okay? Please, please, please.

Dwayne puts his hands over his eyes and sits down again.

DWAYNE : Please just leave me here.

Sheryl walks back to the others.

DWAYNE : Shit!

드웨인 : 안 간다니까요! 아시겠어요? 전 상관 안 해요! 다신 저 망할 차에 안 탈래요!

셰 릴 : 드웨인, 좋을 때나 궂을 때나 우린 네 가족이야.

드웨인은 일어나 그들에게 소리를 지른다.

드웨인 : 당신들은 내 가족이 아니에요! 아시겠어요? 그 가족에 끼고 싶지 않아요! 전부 다 미워 죽겠어요! 다 지겹다고요!

그는 그들을 가리킨다.

드웨인 : 이혼! 파산! 자살! 전부 다 패배자들이야! 다 패배자들이라고요!

모두가 그의 폭발에 어안이 벙벙하다.
셰릴이 그에게 다가가 손을 내민다.

드웨인 : 아뇨. 제발 절 내버려 둬요, 엄마. 아시겠어요? 제발, 제발, 제발.

드웨인은 눈을 손으로 가리면서 다시 앉는다.

드웨인 : 그냥 절 여기 내버려 둬요.

셰릴은 다른 가족한테 돌아간다.

드웨인 : 젠장!

- **divorce**
  이혼
  the legal ending of a marriage; a separation; the ending of a relationship between two things

- **suicide**
  자살
  the act of killing yourself deliberately

- **outburst**
  (화산, 격정 등의) 폭발, 분출
  a sudden strong expression of an emotion; a sudden increase in a particular activity or attitude

for better or worse
좋을 때나 궂을 때나
관용 표현으로 결혼 선서식의 문구로 잘 쓰이며 '좋을 때나 궂을 때나, 몸이 성할 때나 아플 때나, 어떤 운명이 닥쳐 올지라도'의 뜻이다.

Zoom In

for better or worse

좋을 때나 궂을 때나

He throws a stone away.

SHERYL : I don't know what to do.

RICHARD : Well, it's getting late. Maybe ... Can somebody stay here with him?

FRANK : I'll stay.

SHERYL : That is not happening.

Sheryl and Richard look at their watch.

RICHARD : All right. Well ... uh ...

He checks his watch.

RICHARD : Just worried about the time.

Beat.

RICHARD : Olive? Do you wanna try talking to him?

SHERYL : Richard, no. There's nothing to say. We just have to wait.

Olive begins walking down the slope.

SHERYL : Honey ...

A beat. Olive walks over slowly and sits down next to Dwayne.
Snot is dribbling from his nose. He sniffles.
She puts her arm on his shoulder and leans her head against it.
They sit quietly. Then Dwayne looks at Olive.

그는 돌을 집어 던진다.

셰 릴 : 어떻게 해야 할지 모르겠어.
리처드 : 이러다 늦겠어. 아마도… 누가 같이 남아 있을 수 있을까?
프랭크 : 내가 있을게.
셰 릴 : 그건 말도 안 돼.

셰릴과 리처드는 시계를 본다.

리처드 : 좋아. 그럼… 어…

그는 시간을 확인한다.

리처드 : 시간이 별로 없어.

잠시.

리처드 : 올리브? 오빠한테 얘기 좀 해 볼래?
셰 릴 : 안 돼, 여보. 할 말이 어디 있어? 기다리는 수 밖에.

올리브는 비탈 아래로 걸어가기 시작한다.

셰 릴 : 아가야…

잠시. 올리브는 천천히 걸어가 드웨인 옆에 앉는다.
콧물이 그의 코에서 떨어진다. 그는 코를 훌쩍거린다.
그녀는 팔을 오빠의 어깨 위에 올려놓고 머리를 어깨에 기댄다.
그들은 조용히 앉아 있다. 그러자 드웨인이 올리브를 본다.

- **snot**
〈비어〉 콧물, 코딱지
a word that some people find offensive, used to describe the liquid substance (= mucus) that is produced in the nose

- **dribble**
똑똑 떨어지다, 침을 흘리다
to let saliva or another liquid come out of your mouth and run down your chin

- **sniffle**
코를 훌쩍이다, 코를 훌쩍거리며 말하다
to sniff or keep sniffing, especially because you are crying or have a cold

Do you wanna try talking to him?
오빠한테 얘기 좀 해 볼래?
'try + -ing' 형은 '시험 삼아 한 번 해 보다, (평가를 위해) 실제로 해 보다'의 뜻이다.

Zoom In

Do you wanna try talking to him?
오빠한테 얘기 좀 해 볼래?

DWAYNE : Okay. Then let's go.

Olive and Dwayne stand up. They walk back to the others.
On the way Dwayne lifts Olive with his hands, carries her to Sheryl.
Beat.
His voice is automatic.

DWAYNE : I apologize for the things I said. I was upset and I didn't really mean them.

SHERYL : It's okay. Come on. Let's go.

Sheryl hugs Dwayne.

117. EXT. HIGHWAY. DAY
Richard is weaving through traffic—the engine's revving very high.

FRANK : (V.O.) Two fifty-five!

RICHARD : (V.O.) Right. Everybody look for the exit, okay?

118. INT. VW BUS. DAY
Dwayne is lying in the back, staring at the roof.

SHERYL : Here! Here's the turn-off. Turn in here.

RICHARD : Does anybody see the Redondo Suites?

Then Olive points.

OLIVE : There! There's the hotel! Little Miss Sunshine!

RICHARD : (pointing) There it is! There it is. Olive, we're gonna make it. We're gonna make it.

드웨인 : 그래. 그만 가자.

올리브와 드웨인이 일어선다. 그들은 다시 식구들한테 돌아온다. 도중에 드웨인은 손으로 올리브를 들어 올려 셰릴에게 데려간다.
잠시.
그의 목소리는 습관적이다.

드웨인 : 아까 했던 말 사과 드려요. 화가 나서 한 말이었어요. 진심은 아니었어요.

셰 릴 : 괜찮아. 어서 가자.

셰릴은 드웨인을 껴안는다.

117. 외부. 간선 도로. 낮
리처드는 차량을 뚫고 요리조리 달린다—엔진은 최고로 회전하고 있다.

프랭크 : (목소리) 2시 55분!

리처드 : (목소리) 그래. 다들 출구를 찾아 봐.

118. 내부. 폭스바겐 버스. 낮
드웨인은 뒤에 누워서 차 지붕을 보고 있다.

셰 릴 : 여기야! 여기가 분기점이야. 여기서 돌아.

리처드 : 리돈도 호텔 보이는 사람?

그때 올리브가 가리킨다.

올리브 : 저기! 호텔이 있어요! 리틀 미스 선샤인이오!

리처드 : (가리키며) 그래! 저거다. 올리브, 제시간에 갈 수 있어. 제시간에 갈 수 있다고.

- **automatic**
  무의식적인, 습관적인
  done or happening without thinking

- **turn-off**
  분기점, (간선 도로의) 지선 도로, (고속도로의) 램프웨이
  a place where a road leads away from another larger or more important road

- **suite**
  스위트 룸, 붙은 방(여기서는 호텔을 가리킴)
  a set of rooms, especially in a hotel

We're gonna make it.
제시간에 갈 수 있어.
make it은 구어로 '제시간에 도착하다, (장소에) 이르다, 제대로 수행하다, 성공하다'의 뜻이다.

Zoom In

We're gonna make it.

제시간에 갈 수 있어.

Everyone smiles.

119. EXT. EXIT RAMP. DAY
As they ride up the exit ramp, the sign in front of the building reads, "Redondo Suites."

120. INT. VW BUS. DAY
There's a maze of service roads and parking lots between him and the hotel. Richard is baffled.

RICHARD : How the hell do you get over there, Sheryl?

We can see the Redondo Suites on the right.

SHERYL : No, no, no, no, no, no, no. No! No! You're passing it!

121. EXT. EXIT RAMP. DAY
Richard drives on a ramp.

SHERYL : (V.O.) You've gotta turn around. Turn around!

OLIVE : (V.O.) You drove past it!

122. INT. VW BUS. DAY
They drive past the hotel—a few hundred yards away.

SHERYL : You've gotta turn around!

OLIVE : (pointing) What are you doing? It's back there!

모두가 미소를 짓는다.

119. 외부. 출구 램프. 낮
그들이 출구 진입로를 달려갈 때 건물 앞의 표지판에는 '리돈도 호텔'이라고 쓰여 있다.

120. 내부. 폭스바겐 버스. 낮
그와 호텔 사이에는 지선 도로와 주차장이 미로같이 펼쳐져 있다. 리처드는 당황한다.

리처드 : 도대체 저쪽으로 어떻게 건너가지, 셰릴?

오른쪽에 리돈도 호텔이 보인다.

셰 릴 : 안 돼, 안 돼, 안 돼, 안 돼, 안 돼, 안 돼, 안 돼. 아니야! 아니야! 지나가고 있잖아!

121. 외부. 출구 램프. 낮
리처드는 진입로로 차를 몬다.

셰 릴 : (목소리) 돌아야 해. 차 돌려!
올리브 : (목소리) 호텔을 지나쳤잖아!

122. 내부. 폭스바겐 버스. 낮
그들은 호텔을 지나간다—수백 미터나 멀리.

셰 릴 : 돌아가야 해!
올리브 : (가리키며) 뭐하는 거예요? 저기로 돌아가야 해!

- **ramp**
  진입로
- **maze**
  미로, 얽히고설킴, 미궁
  a system of paths separated by walls or hedges built in a park or garden, that is designed so that it is difficult to find your way through; a large number of complicated rules or details that are difficult to understand
- **service road**
  (고속도로와 평행으로 만든) 지선 도로, 연락 도로
  a side road that runs parallel to a main road, that you use to reach houses, shops/stores, etc.; frontage road
- **baffle**
  당황[당혹]하게 하다, 좌절시키다
  to confuse somebody completely; to be too difficult or strange for somebody to understand or explain

How the hell do you get over there?
도대체 저쪽으로 어떻게 건너가지?
get over는 '(강, 다리 등을) 건너다, (담 등을) 넘다'의 관용구. the hell은 how를 강조하는 표현.

Zoom In

How the hell do you get over there?
도대체 저쪽으로 어떻게 건너가지?

123. EXT. EXIT RAMP. DAY

RICHARD : I can't turn around. Does anybody see a way back?

OLIVE : Come on, Dad!

RICHARD : It's a one-way street!

Richard hits the horn button hard.

FRANK : Wait, wait! We've got parking lots on the right.

SHERYL : Here! Here!

The VW screeches around in a wide arc across the lanes of (luckily empty) traffic.

RICHARD : Put your seat belts on, baby.

SHERYL : What are you doing?

RICHARD : I can't slow down. I can't.

The bus hits a barrier gate of the parking lot and passes. The gate is broken into pieces.

RICHARD : What time is it, Frank?

FRANK : Two fifty-nine.

OLIVE : Dad!

RICHARD : It's a straight shot from here. We're gonna make it.

124. EXT. PARKING LOT. DAY

Richard drives towards the hotel in the distance.
There's still no clear path on how to get there.

123. 외부. 출구 램프. 낮

리처드 : 이젠 돌아갈 수 없어. 우회 출구 보이는 사람?
올리브 : 어서요, 아빠!
리처드 : 일방통행 도로야!

리처드는 경적 버튼을 세게 친다.

프랭크 : 잠깐, 잠깐! 오른쪽에 주차장이다.
셰 릴 : 여기야! 여기!

폭스바겐은 (다행히 차량이 없는) 차선을 가로질러 넓게 원을 그리며 끽 소리를 내며 돈다.

리처드 : 안전띠 매, 올리브.
셰 릴 : 뭐 하는 거야?
리처드 : 속도를 줄일 수가 없어. 할 수 없어.

버스는 주차장의 차단기를 치며 지나간다. 그것은 산산조각이 난다.

리처드 : 몇 시야, 프랭크?
프랭크 : 2시 59분.
올리브 : 아빠!
리처드 : 여기서부턴 곧장이야. 우린 가능할 거야.

124. 외부. 주차장. 낮
리처드는 멀리서 호텔을 향해 차를 몬다.
하지만 거기에 어떻게 도착할지에 대한 명백한 길이 없다.

screech
끽 소리를 내다, 날카로운 소리를 내다
to make a loud high unpleasant sound; to say something using this sound; (of a vehicle) to make a loud high unpleasant noise as it moves

arc
호, 원호, 호형
part of a circle or a curved line; a curved shape

barrier gate
차단기
a parking gate; an arm gate
- barrier
  방벽, 방책, 관문, 개찰구
  an object like an fence that prevents people from moving forward from one place to another

Put your seat belts on.
안전띠를 매라.
Fasten you seat belts., Wear your seat belts., Buckle up. 등으로 말할 수 있다.

Zoom In

Put your seat belts on.
안전 띠를 매라.

SHERYL : (V.O.) Oh, it's a dead end!

RICHARD : (V.O.) I'm not going back!

SHERYL : (V.O.) Richard, you have to go back!

The bus circles around.

125. INT. VW BUS. DAY

Richard and Sheryl continue shouting.

RICHARD : That is a one-way road. That will take us all the way back to the freeway!

SHERYL : We can get there ...

RICHARD : You're the one who told me to go left back there!

Sheryl answers back indistinctly.

SHERYL : Go back. Turn around!

RICHARD : I'm not turning back!

126. EXT. PARKING LOT. DAY

Richard heads straight for the median strip and hits it hard. A big bump.

127. INT. VW BUS. DAY

SHERYL : Richard!

128. EXT. PARKING LOT. DAY

They're in a new parking lot. Richard goes screeching past some people.

셰 릴 : (목소리) 아, 막다른 골목이잖아!
리처드 : (목소리) 되돌아가지 않을 거야!
셰 릴 : (목소리) 여보, 돌아가야 해!

버스가 빙 돈다.

125. 내부. 폭스바겐 버스. 낮
리처드와 셰릴은 계속 소리친다.

리처드 : 여긴 일방통행이라 결국 또 간선 도로로 빠지게 돼!
셰 릴 : 저기로 갈 수…
리처드 : 아까 왼쪽으로 가라고 한 게 당신이었어!

셰릴은 분명하지 않게 대꾸한다.

셰 릴 : 돌아가요. 돌아요!
리처드 : 돌아가지 않을 거야!

126. 외부. 주차장. 낮
리처드는 중앙 분리대를 향해 차를 몰아 세게 부딪친다. 큰 충돌 소리.

127. 내부. 폭스바겐 버스. 낮

셰 릴 : 리처드!

128. 외부. 주차장. 낮
그들은 새로운 주차장에 들어왔다. 리처드는 사람들 곁을 지나 끽 소리를 내며 달린다.

- **freeway**
(보통 다차선식의) 고속도로, 무료 간선 도로
(in the US) a wide road, with at least two lanes in each direction, where traffic can travel fast for long distances between large towns. You can only enter and leave freeways at special ramps

- **median strip**
중앙 분리대
a narrow strip of land that separates the two sides of a motorway or freeway

- **bump**
충돌, 꽝, 쿵
the action or sound of something hitting a hard surface; a swelling on the body, often caused by a blow

It's a dead end!
막다른 골목이잖아!
dead end는 '막다른 골목, 막다름, 막힘, 궁지, 종점' 등의 뜻이다.

Zoom In

It's a dead end!

막다른 골목이잖아!

129. INT. VW BUS. DAY

OLIVE : What are you doing? You can't do this.

130. EXT. PARKING LOT. DAY

SHERYL : God, Richard!

Finally they arrive at the hotel.

RICHARD : (V.O.) Okay, here's the hotel.

FRANK : (V.O.) I won! Okay!

They exclaim with joy.

131. INT. VW BUS. DAY
But they can't find the entrance.

RICHARD : (V.O.) Where's the entrance?

SHERYL : (V.O.) Right here. Right here.

132. EXT. PARKING LOT. DAY
They drive around in confusion in the parking lot.

133. INT. VW BUS. DAY

OLIVE : You're passing it!

RICHARD : Hold on!

129. 내부. 폭스바겐 버스. 낮

올리브 : 뭐 하시는 거예요? 이러시면 안 돼요.

130. 외부. 주차장. 낮

셰 릴 : 세상에, 여보!

마침내 그들은 호텔에 도착한다.

리처드 : (목소리) 좋아, 호텔에 왔다.
프랭크 : (목소리) 이겼다! 좋았어!

그들은 기뻐서 고함친다.

131. 내부. 폭스바겐 버스. 낮
하지만 그들은 입구를 찾을 수 없다.

리처드 : (목소리) 입구가 어디 있지?
셰 릴 : (목소리) 여기야. 여기.

132. 외부. 주차장. 낮
그들은 주차장 안을 당황하여 달린다.

133. 내부. 폭스바겐 버스. 낮

올리브 : 지나쳤잖아요!
리처드 : 기다려!

- **exclaim**
  외치다, 고함치다, 감탄하며 외치다
  to say something suddenly and loudly, especially because of strong emotion or pain

- **in confusion**
  당황하여, 어리벙벙하여
  - confusion
    혼동, 혼란, 뒤죽박죽
    a state of uncertainty about what is happening, what you should do, what something means, etc.

You can't do this.
이러시면 안 돼요.
How can[could] you do this?라고도 할 수 있다.

Zoom In

You can't do this.

이러시면 안 돼요.

134. EXT. PARKING LOT. DAY

Richard turns the wheel and they begin tracing a wide loop–bombing around the parking lot.

RICHARD : (V.O.) Here we go! One more time! Little bump.

They hit the median hard. They've made it into the hotel parking lot. They come gliding into a parking space.

FRANK : (V.O.) Whoa ...!

SHERYL : (V.O.) Come on!

Frank yanks open the sliding door. It slides back, slams into the end of the track and derails. The whole door falls off the side of the van and into the parking lot. Frank doesn't even look back. He sprints across the lot towards a distant banner marked "Little Miss Sunshine."
All the others–except Dwayne–sprint after him.

135. INT. HOTEL ENTRANCE. DAY

A big hotel lobby. The doors open and Frank comes in, breathless. A sign shows "Little Miss Sunshine Pageant/2nd Floor."
He runs upstairs.

136. INT. REGISTRATION HALL. DAY

Frank runs along the corridor. The place is crowded with tiny blond girls and their mothers. The girls are dressed, coiffed and made-up to perfection.
Nearby, a contest official is packing up a table with a "Registration" banner. Frank sprints up to her.

FRANK : Hello? Hi, we'd like to register.

134. 외부. 주차장. 낮
리처드는 핸들을 돌리며 도로의 만곡부를 따라가기 시작한다—주차장 주위를 질주한다.

리처드 : (목소리) 자 간다! 한 번만 더! 약간 흔들릴 거야.

그들은 중앙 분리대를 세게 친다. 그들은 호텔 주차장으로 들어간다. 주차 공간으로 미끄러져 들어간다.

프랭크 : (목소리) 우와…!

셰 릴 : (목소리) 서둘러!

프랭크는 옆문을 확 잡아당겨 연다. 문은 뒤로 미끄러지며 궤도의 끝을 세게 치면서 문짝이 빠진다. 문은 차 옆으로 굴러 주차장으로 떨어진다.
프랭크는 돌아보지도 않는다. 그는 멀리 '리틀 미스 선샤인'이라고 표시가 된 휘장을 향해서 주차장을 가로질러 쏜살같이 달린다.
모든 다른 가족은—드웨인을 빼고—그를 쫓아 달린다.

135. 내부. 호텔 입구. 낮
커다란 호텔 로비. 문이 열리고 프랭크가 들어온다. 숨이 가쁘다. 표지판이 보인다. '리틀 미스 선샤인 대회/2층.'
그는 2층으로 달린다.

136. 내부. 등록 홀. 낮
프랭크는 복도를 따라 뛰어온다. 그곳은 예쁜 꼬마 소녀들과 어머니들로 붐빈다. 소녀들은 멋진 드레스에 머리 장식을 하고 완벽하게 화장을 하고 있다.
근처에서 한 대회 임원이 '등록'이란 기가 달려 있는 테이블을 치우고 있다. 프랭크는 그녀에게 달려간다.

프랭크 : 안녕하세요? 등록하고 싶은데요.

- **loop**
  (도로의) 만곡(부)
  a shape like a curve or circle made by a line curving right round and crossing itself
- **bomb**
  〈구어〉 질주하다
  to move very fast, especially in a vehicle, in a particular direction
- **yank**
  〈구어〉 홱 잡아 당기다, 확 당기다
  to pull something or somebody hard, quickly and suddenly
- **derail**
  (기차 등이) 탈선하다
  to go off the track
- **coiff**
  머리 장식하다, 머리를 정리하다

We'd like to register.
등록하고 싶은데요.
register는 '(정식으로) 명부에 등록을 하다, 기재하다, 기명하다'의 뜻이다.

Zoom In

We'd like to register.
등록하고 싶은데요.

MS. JENKINS : Sorry, we're closed.

FRANK : Uh ... No, we have the entrant right here. We just wanna check in.

Sheryl and Olive catch up and stand, looking on—desperate, disbelieved, breathing hard.

MS. JENKINS : Registration ended at three.

SHERYL : Well, it's three o'clock now!

MS. JENKINS : No ...

She points to a clock on the wall. It's 3:04 PM.

SHERYL : Oh, come on. Have a heart! We're four minutes late! We just drove all the way from Albuquerque ...!

Richard runs towards them.

MS. JENKINS : Then you should have been here by three.

She tries to leave. Richard stops her.

RICHARD : Wait, wait, wait! There must be some way we can work this out. Please.

MS. JENKINS : Everybody else was here before three. I'd be giving unfair advantage ...

RICHARD : No, no. We're not asking for an advantage! We just want her to compete! That's it.

미즈 젠킨스　: 미안해요, 종료됐어요.
프랭크　: 저… 아니, 참가 신청은 했으니까 등록만 하면 돼요.

셰릴과 올리브가 따라와 선다. 하고 싶어 못 견디고 믿겨지지 않은 모습으로 숨을 거칠게 몰아쉬며 바라본다.

미즈 젠킨스　: 등록은 3시에 종료됐어요.
셰 릴　: 지금이 3시인걸요!
미즈 젠킨스　: 아뇨…

그녀는 벽 위의 시계를 가리킨다. 그것은 오후 3시 4분이다.

셰 릴　: 제발, 좀 봐 주세요! 4분 늦었는데! 앨버커키에서 내내 달려왔어요…!

리처드가 그들을 향해 달려온다.

미즈 젠킨스　: 그럼 3시까지 오셨어야죠.

그녀가 떠나려고 한다. 리처드는 그녀를 세운다.

리처드　: 잠깐, 잠깐, 기다려요! 어떻게 좀 봐 주세요. 제발.
미즈 젠킨스　: 다들 3시 전에 오셨어요. 특정인만 봐 준다면 불공평하죠…
리처드　: 아뇨, 아뇨. 특권을 바라는 게 아니라 딸애를 출전만 시켜 달라는 겁니다! 그뿐이에요.

■ **entrant**
(콘테스트 등의) 참가자
a person or an animal that enters a race or a competition; a person that enters an exam

■ **desperate**
몹시 탐나는, 하고 싶어하는, 하고 싶어 못 견디는
feeling or showing that you have little hope and are ready to do anything without worrying about danger to yourself or others

■ **advantage**
유리(한 입장), 이점, 이익
a thing that helps you to be better or more successful than other people; a quality of something that makes it better or more useful

Have a heart!
좀 봐 주세요!
구어체의 표현으로 '인정이 있다, 인정을 베풀다, 너그럽게 봐 주다'의 뜻이다.

Zoom In

Have a heart!

좀 봐 주세요!

MS. JENKINS : Don't yell at me, sir. I didn't make you late. We've settled on the schedule of the show and we've turned off our computers. Our line-up is final, and I have a hair check to do.

She tries to leave but Richard block her way.

RICHARD : Okay.

MS. JENKINS : I'm sorry that you're late, but I can't help you.

He gets on his knees holding her hand.

RICHARD : (panting) Please! You don't know what we've been through ...!

Everybody looks down at him.
Silence.

KIRBY : (V.O.) Uh, Ms. Jenkins ...? I can put 'em in the system.

They all turn. There's a sound guy—a very portly young man with a high voice—who's just heard the story.
Ms. Jenkins pulls her hand out of Richard's hands.

MS. JENKINS : Oh, Kirby, you don't have to!

KIRBY : No, no, it's okay. It's five minutes.

MS. JENKINS : Well ... it's your time. Excuse me.

미즈 젠킨스 : 소리 지르지 마세요. 늦은 건 선생이세요. 이미 대회의 스케줄을 확정했고 컴퓨터도 껐어요. 출전 명단도 결정됐고요. 게다가 난 미장원도 가야 해요.

그녀는 자리를 떠나려고 하지만 리처드가 그녀를 막는다.

리처드 : 좋아요.
미즈 젠킨스 : 늦은 건 안됐지만 도와드릴 수 없어요.

그는 그녀의 손을 잡으면서 무릎을 꿇는다.

리처드 : (헐떡이며) 도와 주세요! 우리가 무슨 일을 겪었는지 모르실 겁니다…!

모두가 그를 내려다본다.
침묵.

커 비 : (목소리) 저, 미즈 젠킨스…? 제가 명단에 추가해드릴 수 있어요.

그들 모두가 돌아본다. 건전한 청년으로 그들의 이야기를 들었다. 날카로운 목소리를 지닌 풍채가 당당한 젊은이다.
미즈 젠킨스는 리처드의 손에서 자신의 손을 뺀다.

미즈 젠킨스 : 커비, 그럴 필요 없어요!
커 비 : 괜찮아요. 5분이면 돼요.
미즈 젠킨스 : 맘대로 해. 자기 시간 손해니까. 실례해요.

- **line-up**
  사람[물건]의 열[늘어서기], 전체 예정표, 인원, 진용
  the people who are going to take part in a particular event
- **sound**
  건강한, 정상적인, 건전한
  good and thorough; not damaged or hurt; in good condition; not damaged, hurt, etc.
- **portly**
  풍채가 당당한
  (especially of an older man) rather fat

You don't know what we've been through.
우리가 무슨 일을 겪었는지 모르실 겁니다.
be through는 '(경험 등의 완료를 나타내어) …을 겪다, …을 경험하다'의 의미이다.

Zoom In

You don't know what we've been through.
우리가 무슨 일을 겪었는지 모르실 겁니다.

She pushes past them.
Olive smiles, greatly relieved.

FRANK : Thank you, Kirby. Thank you very much.

SHERYL : You don't know what this means.

KIRBY : (sitting) Please. It's only five minutes.

He starts tapping away at the computer.

KIRBY : (quietly) I am not working for these people next year. These people are crazy. (to Olive) Okay. So, what's your name?

OLIVE : Olive.

KIRBY : Olive. That's a nice name. Are you the dad?

Dwayne appears among the crowd.

RICHARD : Yeah.

Olive glances away and freezes. Across the room is Miss California, sitting behind a table, signing photos for kids. Olive is in awe.

OLIVE : Mom! Look, it's Miss California! Look, it's really her!

SHERYL : Do you wanna go and say hi?

We notice Dwayne—still shut-down—standing forlornly at the edge of the group.
Across the room.

그녀는 그들을 지나쳐 간다.
올리브는 크게 안심이 되어 웃는다.

프랭크 : 고마워요, 커비. 정말 고마워요.
셰 릴 : 얼마나 감사해야 할지.
커 비 : (앉으며) 괜찮아요. 5분인걸요.

그는 컴퓨터에다 치기 시작한다.

커 비 : (조용히) 내년에는 여기 일을 안 할 겁니다. 다 들 미쳤어요. (올리브에게) 좋아. 그래, 이름이 뭐니?
올리브 : 올리브요.
커 비 : 올리브라. 예쁜 이름이구나. 아빠 되세요?

드웨인이 군중 속에서 나타난다.

리처드 : 네.

올리브는 시선을 돌려 보다가 꼼짝하지 않고 선다. 저쪽에 미스 캘리포니아가 테이블 뒤에 앉아서 아이들에게 사진에 사인을 해주고 있다. 올리브는 경외감에 사로잡힌다.

올리브 : 엄마! 보세요, 미스 캘리포니아야! 보세요, 정말 그녀야!
셰 릴 : 가서 인사할래?

드웨인이 목격된다. 아직도 사람들 틈에 끼어서 일단의 사람들 언저리에 외롭게 서 있다.
방 건너편.

- **freeze**
  (공포, 긴장, 충격, 놀람 등으로) 얼어 붙다, 굳어져 움직이지 않다
  to stop moving suddenly because of fear, etc.

- **awe**
  외경, 외경심
  feelings of respect and slight fear; feelings of being very impressed by something/somebody
  - be in awe
    경외하다, 두려워하다

- **forlornly**
  쓸쓸히, 의지할 곳 없이, 절망적으로
  - forlorn
    버림받은, 외로운, 쓸쓸한, 절망적인
    (of a person) appearing lonely and unhappy; (of a place) not cared for and with no people in it

You don't know what this means.
얼마나 감사해야 할지.
직역하면 '이것이 뭘 의미하는지 모를 겁니다'지만 I don't know how to thank you. 정도의 뜻이다.

Zoom In

You don't know what this means.

얼마나 감사해야 할지.

Moments later.
Olive and Sheryl stand in line.
Miss California gives an autographed photo to a girl.

GIRL : Thank you.

Olive and Sheryl step forward.

MISS CALIFORNIA : Hi! What's your name?

OLIVE : Olive.

MISS CALIFORNIA : What's your talent, Olive?

OLIVE : I like dancing!

MISS CALIFORNIA : Dancing was too hard for me! I'm a singer. You must be a good dancer!

OLIVE : I am! I'm really good!

Sheryl smiles.

MISS CALIFORNIA : I bet you are! Well, thanks for stopping by, Olive.

She autographs a photo and offers it to Olive.

MISS CALIFORNIA : Best of luck!

Olive takes it, but she is not quite ready to move on.

OLIVE : Ummm ... Miss California?

잠시 후.
올리브와 셰릴은 줄에 서 있다.
미스 캘리포니아는 한 소녀에게 자필 서명한 사진을 건넨다.

소 녀 : 감사합니다.

올리브와 셰릴이 앞으로 나선다.

미스 캘리포니아 : 안녕! 이름이 뭐니?
올리브 : 올리브요.
미스 캘리포니아 : 어떤 재주가 있지, 올리브?
올리브 : 춤 추는 거 좋아해요!
미스 캘리포니아 : 춤은 나한테 너무 어렵단다! 그래서 노래를 하지. 춤을 잘 추나 보구나!
올리브 : 네! 아주 잘 춰요!

셰릴이 미소를 짓는다.

미스 캘리포니아 : 그래 보여! 그래, 이렇게 찾아줘서 고맙다, 올리브.

그녀는 사진에다 사인을 하고는 올리브에게 준다.

미스 캘리포니아 : 행운을 빌게!

올리브는 그것을 받아 들지만 자리를 뜨려고 하지 않는다.

올리브 : 음… 미스 캘리포니아?

- **autograph**
  자필로 쓰다, 서명[사인]하다
  (of a famous person) to sign your name on something for somebody to keep
- **talent**
  (일반적으로) 재능, 소질, 수완, 재주
  a natural ability to do something well; people or a person with a natural ability to do something well

Best of luck!
행운을 빌어요!
Best luck to you!, Good luck!, Good luck to you!와 같은 표현이다.

Zoom In

Best of luck!

행운을 빌어요!

She nods.

OLIVE : Do you eat ice cream?

MISS CALIFORNIA : (perplexed) I love ice cream! My favorite flavor is Chocolate Cherry Garcia, although technically, I think that's a frozen yogurt. Okay?

OLIVE : Okay. Thanks. Bye!

MISS CALIFORNIA : Bye!

Sheryl and Olive head off.

OLIVE : Mom! She eats ice cream.

SHERYL : I heard!

Across the room.
Kirby finishes up with Richard and hands him a bag filled with pageant materials.

KIRBY : The packet has tickets in it, and your badge number.

RICHARD : Okay.

KIRBY : Is there anything else?

RICHARD : Uh ... Yeah. Is there a funeral home around here?

그녀가 고개를 끄덕인다.

올리브 : 아이스크림 먹어요?

미스 캘리포니아 : (당황하며) 아이스크림을 얼마나 좋아하는데! 특히 초콜릿 체리 가르시아 맛을 제일 좋아한단다. 엄밀히 말하자면 냉동 요구르트지만. 됐니?

올리브 : 네. 감사해요. 안녕.

미스 캘리포니아 : 안녕.

셰릴과 올리브가 물러난다.

올리브 : 엄마! 아이스크림 먹는대.

셰 릴 : 나도 들었어.

방 건너편.
커비가 리처드와 일을 끝내고는 그에게 대회 자료들로 가득 찬 가방을 준다.

커 비 : 참가 묶음 안에 입장표랑 출전 번호가 들었습니다.

리처드 : 네.

커 비 : 또 필요하신 거라도?

리처드 : 어… 네. 근처에 장의사가 있나요?

- **perplex**
  난처하게 하다, 당황케 하다
  to make you confused or worried because you do not understand it

- **flavor**
  (독특한) 풍미, 맛, 운치
  how food or drink tastes; a particular type of taste; a particular quality or atmosphere

- **packet**
  한 묶음, 한 다발, 소포
  a closed plastic or paper packet that contains a very small amount of liquid or a powder; a small bag containing dried herbs or flowers that you put with your clothes to make them smell pleasant

Chapter 9

인생은 저 망할 미인대회 같은 게 연속되는 거쇼

Life Is One Fucking Beauty Contest after Another

시간 01:16:42 ~ 01:27:52

137. INT. PAGEANT DRESSING ROOM. DAY

Sheryl and Olive enter and hurry past one little girl after another—each being made up to perfection by her Mom or a groomer.
Sheryl greets a passing woman.

SHERYL : Hi.

WOMAN : Hi.

Tans are sprayed on; hair is teased; eye shadow is applied.
All the makeup tables seem taken. Finally, Sheryl finds an empty table in the corner. She pulls out a bathing suit.

SHERYL : Okay, Olive. Let's get your swimsuit on. You wanna get changed behind the curtain?

Olive takes the swimsuit and heads for the changing area as Sheryl begins rapidly unpacking up Olive's costumes.
A clipboard-carrying, headset-wearing Pageant Assistant walks into the room and calls out.

137. 내부. 대회 분장실. 낮
셰릴과 올리브가 들어와 작은 소녀들 곁을 지나간다. 각자가 자신의 엄마나 몸치장을 도와주는 사람에 의해 완벽하게 화장을 하고 있다. 셰릴은 지나가는 한 여성에게 인사를 한다.

셰 릴 : 안녕하세요.

여 자 : 안녕하세요.

황갈색의 스프레이가 뿌려지고 머리가 빗겨지며 아이섀도가 칠해진다.
모든 화장 테이블은 다 자리가 찼다. 마침내, 셰릴은 구석진 곳에서 빈 테이블을 찾아낸다. 그녀는 수영복을 꺼낸다.

셰 릴 : 자, 올리브. 수영복부터 입자. 커튼 뒤에서 갈아 입을래?

올리브는 수영복을 받아서 갈아입는 곳으로 간다. 셰릴은 급히 올리브가 입을 의상을 풀기 시작한다.
클립보드를 들고 헤드세트를 쓰고 있는 대회 보조원이 방으로 걸어 들어와 소리친다.

- **dressing room**
  분장실
  a room or cubicle in a shop/store where you can put on clothes to see how they look

- **groomer**
  몸치장을 봐주는 사람

- **tease**
  빗기다
  to remove knots from hair, wool, etc. by gently pulling or brushing it

- **clipboard**
  종이 집게가 달린 필기판, 클립보드
  a small board with a clip at the top for holding papers, used by somebody who wants to write while standing or moving around

PAGEANT ASSISTANT : This is the last touch-up, everybody. Final touch-ups. Last touch-ups.

138. INT. HALLWAY. DAY

Dwayne slouches into an overstuffed wing-back chair and half-covers his eyes—trying to block out the world.
Frank sits beside him and reads his New York Times.
Off-screen we hear noise of pre-pageant preparations.
Frank opens up the Book Review section.
In the Book Review is a full-page ad for "Understanding Proust" by Larry Sugarman.
A banner reads, "The Surprise Best-Seller From America's #1 Proust Scholar."
There's a photo of Larry Sugarman, in a beard, looking very serious.
Frank stares at the ad and then throws the newspaper on the table.
Dwayne opens his eyes.
Two little girls pass by, giggling.

GIRL 1 : Okay, wait.

GIRL 2 : I'll wait for you!

Dwayne looks at Frank.

DWAYNE : Let's get outta here.

He's depressed, but no longer catatonic.
He stands and heads for a side exit.

139. INT. PAGEANT DRESSING ROOM. DAY

Kirby approaches, in a rush.
Sheryl puts on Olive's makeup.

KIRBY : Hey, hey! Olive Hoover. Hey, I need your music!

대회 보조원 : 여러분, 이번이 마지막 손질입니다. 최종 손질. 마지막 손질해 주세요.

138. 내부. 복도. 낮
드웨인이 속을 지나치게 채운 날개 모양의 등을 한 안락의자에 고개를 숙이고 앉아 눈을 반쯤 감고 있다—세상일을 지우려고 하는 듯이.
프랭크가 그 옆에 앉아 뉴욕 타임스를 읽고 있다.
무대 밖에서는 사전 콘테스트 준비의 소음이 들린다.
프랭크는 서평란을 펼친다.
서평란에는 래리 슈거먼의 '프루스트 이해하기'를 위한 전면 광고가 나와 있다.
신문의 톱 전단에 걸친 제목은 '전미 1위 프루스트 학자의 놀라운 베스트셀러'라고 나와 있다.
수염이 나고 아주 진지해 보이는 래리 슈거먼의 사진이 나와 있다.
프랭크는 광고를 보고는 테이블 위에 신문을 던진다.
드웨인이 눈을 뜬다.
두 어린 소녀가 킬킬거리며 지나간다.

소녀 1 : 좋아, 기다려.
소녀 2 : 기다려 줄게!

드웨인은 프랭크를 본다.

드웨인 : 밖으로 나가요.

그는 의기소침하지만 더 이상 긴장증을 보이지 않는다.
그는 일어서서 옆 출구로 나간다.

139. 내부. 대회 분장실. 낮
커비가 급히 들어온다.
셰릴은 올리브의 화장을 하고 있다.

커 비 : 이봐요, 이봐요! 올리브 후버. 배경 음악이 필요하단다!

■ **slouch**
고개를 숙이다, 몸을 구부리다
to stand, sit or move in a lazy way, often with your shoulders and head bent forward

■ **overstuffed**
속을 너무 많이 채워 넣은

■ **wing-back chair**
등이 날개 모양으로 된 안락의자
a piece of furniture for one person to sit on, with a back, a seat and four legs

■ **block out**
…을 지우다, 보이지 않게 하다
to stop light or noise from coming in; to stop yourself from thinking about or remembering something unpleasant

■ **banner**
신문의 톱 전단에 걸친 제목

■ **catatonic**
긴장증의
not able to move or show any reaction to things because of illness, shock, etc.

This is the last touch-up.
이번이 마지막 손질입니다.
touch-up은 '수정, 가필, 조그만 변경(improving something by changing or adding to it slightly)'의 뜻이다.

Zoom In

This is the last touch-up.
이번이 마지막 손질입니다.

OLIVE : Music. Right.

KIRBY : Yeah.

Olive goes to her bag, digs in, hands him a disc.

OLIVE : Here you go.

KIRBY : This? Did you choose this?

OLIVE : No, my Grandpa did.

KIRBY : Your Grandpa?

OLIVE : Uhmm.

KIRBY : Which track?

OLIVE : Twelve.

140. EXT. PARKING LOT. DAY

Richard approaches the VW bus with two funeral home workers in jumpsuits who affect a bored, seen-it-all demeanor.

Worker One, 40s, is an old pro. Worker Two, 30s, is a fresh-faced rookie. A funeral home van is parked in the background.

RICHARD : We're driving five, six hours—we thought he was napping. By the time we figured it out, it was, you know ...

WORKER ONE : Too late. So where's the body?

RICHARD : Uh ...

He turns, pops the trunk, averts his eyes, and opens it. The workers look in the trunk. Then look at Richard.

Moments later.

Richard signs an invoice and hands the clipboard to Worker One. He hands Richard a small cardboard box.

올리브 : 음악이요. 맞다.
커 비 : 그래.

올리브는 가방으로 가 손을 넣어 그에게 디스크 한 장을 건넨다.

올리브 : 여기 있습니다.
커 비 : 이거? 네가 고른 거니?
올리브 : 아니요, 할아버지가요.
커 비 : 할아버지?
올리브 : 네.
커 비 : 몇 번 곡이니?
올리브 : 12번이오.

140. 외부. 주차장. 낮
리처드는 낙하복을 입은 두 사람의 장의사 직원들과 함께 폭스바겐 버스에 다가간다. 직원들은 따분하고 모두 다 안다는 식의 태도를 띠고 있다. 직원 1은 40대로 나이든 프로이고, 직원 2는 30대로 새로운 얼굴의 풋내기이다.
장의사의 운구차가 배경에 주차되어 있다.

리처드 : 5, 6시간 정도 운전하고 왔는데—주무시는 줄 알았어요. 나중에 보니까 이미…
직원 1 : 너무 늦었군요. 시신은 어디 있습니까?
리처드 : 저…

그는 돌아서서 트렁크를 당겨 펑 하고 조금 열고는 눈을 돌리고 나서 연다. 직원들은 트렁크 안을 본다. 그리고 나서 리처드를 본다.
잠시 후.
리처드는 송장에다 서명을 하고는 클립보드를 직원 1에게 준다. 그는 리처드에게 작은 마분지 상자를 건넨다.

- **funeral home**
장례식장, 장의사, 영안실
a place where dead people are prepared for being buried or cremated and where visitors can see the body

- **jumpsuit**
(낙하산 강하용) 낙하복

- **rookie**
풋내기, 신참, 초심자
a person who has just started a job or an activity and has very little experience

- **pop**
뻥 하고 터뜨리다, 소리 내다, 펑 하고 뽑다, 터지다
to make a short explosive sound; to cause something to make this sound; to burst, or make something burst, with a short explosive sound

- **avert**
〈타격이나 위험을〉 피하다, 외면하다, 돌리다
to prevent something bad or dangerous from happening; to turn your eyes, etc. away from something that you do not want to see

Here you go.
여기 있습니다.
Here you are. Here it is. Here we are.라고도 할 수 있다.

Zoom In

Here you go.
여기 있습니다.

WORKER ONE : Personal effects.

RICHARD : (taking it) Thank you.

WORKER ONE : You take care.

RICHARD : You too.

Worker One gets in the van and slams the door.
The van pulls out, drives to the edge of the parking lot. Richard watches.
He is left alone.

141. INT. AUDITORIUM. DAY

The auditorium is crowded with people.
Richard finds his reserved seats—four seats on the aisle. He sits in the fourth seat.
The guy one seat over is a Biker sitting impassively with his arms folded.
Onstage, an MC steps up to a microphone. A drumroll.

MC : Ladies and gentlemen. Welcome to the 24th annual Little Miss Sunshine pageant!

Music. Big applause.

MC : Yes! Now, please put your hands together once again, and help me welcome to the stage our 12 beautiful contestants!

Six little girls parade out on stage in swimsuits. Most of them are blond—some bleached. They've been arranged from shortest to tallest. Olive is at end of the line.
The girls parade around in a loop, waving and smiling.
We can see the judges sitting at a table.
Olive finds Richard in the audience and smiles.

직원 1 : 개인인 소지품입니다.

리처드 : (그것을 받으며) 고맙습니다.

직원 1 : 잘 가세요.

리처드 : 그쪽도요.

직원 1은 차에 타고 문을 쾅 하고 닫는다.
장례용 차는 나가서 주차장 언저리로 달린다. 리처드는 지켜본다.
그는 혼자 남았다.

141. 내부. 강당. 낮
강당은 사람들로 붐빈다.
리처드는 복도쪽의 예약된 4자리를 찾는다. 그는 4번째 자리에 앉는다.
한 자리 떨어져 오토바이 폭주족 같은 사람이 앉아 있는데 그는 팔짱을 낀 채 무표정하게 앉아 있다.
무대 위에는 한 사회자가 마이크에 다가선다. 드럼의 연타 소리.

사회자 : 신사 숙녀 여러분. 제 24회 리틀 미스 선샤인 콘테스트에 오신 걸 환영합니다!

음악. 큰 박수갈채 소리.

사회자 : 네! 모두 다시 한번 큰 박수로 12명의 아름다운 출전자들을 맞아주십시오!

6명의 작은 소녀들이 수영복을 입고 무대 위를 행진한다. 그들 대부분은 금발인데 일부는 표백을 했다. 그들은 가장 키가 작은 아이로부터 큰 아이로 정돈이 되어 있다. 올리브는 줄의 끝에 있다.
소녀들은 원을 그리며 행진을 하면서 손을 흔들고 미소를 짓는다.
심사원들이 테이블에 앉아 있는 것이 보인다.
올리브는 관객 속에서 리처드를 발견하고는 미소짓는다.

- **biker**
  오토바이 폭주족의 일원
  a person who rides a motorcycle, usually as a member of a large group
- **impassively**
  무표정하게, 태연하게, 감동이 없이
  - impassive
    무표정한, 태연한
    not showing any feeling or emotion
- **MC**
  사회자
  master of ceremonies
- **drumroll**
  드럼의 연타, 그 소리
- **blond**
  금발인, (피부가) 희고 혈색이 좋은
- **bleached**
  표백한

Personal effects.
개인 소지품입니다.
Here are personal effects.가 준 표현이다. effects는 '소지품, 일상 용품, 사물'의 뜻이다.

Zoom In

Personal effects.

개인 소지품입니다.

Richard claps enthusiastically.
They end up in a line running across the stage.

MC : Oh, let's have a big round of applause for our lovely contestants!

The audience cheer and applaud.

MC : At the end of the evening, one of these girls will be crowned Little Miss Sunshine!

142. INT. PRIVATE CHANGING AREA. DAY

Olive finishes putting on her swimsuit. There's a full-length mirror in the changing area.
She turns around and looks at herself in the mirror.
She turns sideways. She sucks her stomach in. This is the first time she's ever done this.
She turns back frontal. She lets her stomach hang out.
She's not happy with what she sees—also the first time.

143. INT. PAGEANT DRESSING ROOM. DAY

Sheryl approaches the curtain.

SHERYL : Olive, honey? Are you okay in there?

OLIVE : (V.O.) Yeah, I'm fine.

144. INT. AUDITORIUM. DAY

Richard glances at the Biker. He tries to be friendly.

RICHARD : Hey.

리처드는 열렬히 박수를 친다.
그들은 무대를 가로질러 한 줄로 선다.

사회자 : 다시 한번 사랑스런 출전자들을 위해 큰 박수를!

관중은 환호하며 박수를 친다.

사회자 : 오늘 저녁이 끝날 무렵, 이들 중 한 소녀가 리틀 미스 선샤인이 될 것입니다!

142. 내부. 개인 옷 갈아입는 곳. 낮
올리브는 수영복 입기를 마친다. 옷을 갈아입는 곳에는 전신 거울이 있다.
그녀는 돌아서며 거울에 비친 자신을 바라본다.
옆으로도 서 본다. 그녀는 배를 안쪽으로 들이민다. 그녀가 이런 일을 해본 것은 이번이 처음이다.
그녀는 다시 정면으로 돌아선다. 자신의 배를 내민다.
그녀는 자신이 보고 있는 것에 만족하지 못한다—물론 처음이다.

143. 내부. 대회 분장실. 낮
셰릴이 커튼에 다가선다.

셰 릴 : 올리브? 괜찮니?
올리브 : (목소리) 네, 괜찮아요.

144. 내부. 강당. 낮
리처드는 그 폭주족 남자를 본다. 그는 다정하게 보이려고 애를 쓴다.

리처드 : 안녕하세요.

- **full-length**
  전신의
  (of a mirror or picture) showing the whole of a person' s body
- **frontal**
  정면의, 앞면의, 정면을 향한
  connected with the front part of the head
- **hang out**
  몸을 내밀다

Let's have a big round of applause.
다시 한번 큰 박수를 보냅시다.
Let' s give a big round of hand.라고도 할 수 있다. round는 '한 바탕, 일제히 하기, 한 판'의 뜻이다.

Zoom In

Let's have a big round of applause.
다시 한번 큰 박수를 보냅시다.

The Biker looks at him and takes an earplug out of his ear.

BIKER : What?

RICHARD : You got a kid in the show?

The Biker stares at him.

BIKER : First time?

RICHARD : Yeah. Yeah.

Richard nods. The Biker nods–Figures. He puts the earplug back in his ear and resumes his impassive stare.
Richard is unnerved. The lights dim.
Onstage, the MC sings around twelve contestants.

145. EXT. BEACH. AFTERNOON
The camera pans from the hotel to the beach.

MC : (V.O.) America! It's so beautiful.

A glorious, sunny day. The ocean stretches to infinity.

DWAYNE : Sometimes I just wish I could go to sleep until I was eighteen and skip all this crap—high school and everything. Just skip it.

We can see Dwayne and Frank standing on the pier, looking out to sea.

FRANK : You know Marcel Proust?

그 폭주족 남자는 그를 보고는 귀로부터 귀마개를 뽑는다.

폭주족 남자 : 뭐요?
리처드 : 따님도 출전했어요?

그 폭주족 남자는 그를 응시한다.

폭주족 남자 : 처음이쇼?
리처드 : 네. 네.

리처드는 고개를 끄덕인다. 폭주족도 고개를 끄덕인다—당연하다. 그는 귀에다 귀마개를 다시 꽂고는 무표정한 관람을 다시 시작한다.
리처드는 무기력하다. 전등이 어두워진다.
무대 위에서는 그 사회자가 12명의 출전자들 주위로 노래를 하며 돌아다닌다.

145. 외부. 해변. 오후
카메라는 호텔로부터 해변으로 움직인다.

사회자 : (목소리) 미국이여! 너무나 아름답군요.

찬란하고 화창한 날이다. 대양은 무한으로 뻗어 있다.

드웨인 : 가끔 18살 될 때까지 잠만 잤으면 할 때가 있어요. 고등학교고 뭐고 그런 하찮은 거 다 지날 때까지요.

드웨인과 프랭크는 바다를 내다보면서 선창에 서 있다.

프랭크 : 마르셀 프루스트를 아니?

■ **earplug**
귀마개
a piece of soft material that you put into your ear to keep out noise, water or air

■ **unnerved**
무기력한, 낙담한
• unnerve
무기력해지다, 낙담하다, 용기를 잃다
to make somebody feel nervous or frightened or lose confidence

■ **glorious**
훌륭한
deserving or bringing great fame and success; very beautiful and impressive; (of weather) hot, with the sun shining

■ **crap**
〈속어, 비어〉 쓰레기, 배설물, 배변, 허튼소리, 허풍
nonsense; something of bad quality; solid waste matter from the bowels

You got a kid in the show?
따님도 출전했나요?
Your kid takes part in the show?, Do you get a kid in the show?라고도 할 수 있다.

Zoom In

You got a kid in the show?

따님도 출전했나요?

DWAYNE : He's the guy you teach?

FRANK : Yeah. French writer. Total loser. Never had a real job. Unrequited love affairs. Gay. Spent twenty years writing a book almost no one reads. But he was also probably the greatest writer since Shakespeare. Anyway, he, uh ... gets down to the end of his life, and he looks back and he decides that all those years he suffered—those were the best years of his life. Because they made him who he was. All the years he was happy, you know, total waste. Didn't learn a thing.

Dwayne grins.

FRANK : So, if you sleep until you're eighteen, ah ... (scoffs) Think of the suffering you're gonna miss. I mean, high school? Those are your prime suffering years. You don't get better suffering than that!

Dwayne smiles. He gazes out to sea.

DWAYNE : You know what ...? I mean, fuck beauty contests. Life is one fucking beauty contest after another. You know, school, then college, then work. Fuck that. Fuck the Air Force Academy. If I wanna fly, I'll find a way to fly. I mean, you do what you love, and fuck the rest.

드웨인 : 삼촌이 가르치는 사람 아니에요?

프랭크 : 그래. 프랑스 작가란다. 완벽한 패배자지. 진짜 직업을 가져본 적 없고 짝사랑만 하고 동성애자였어. 아무도 읽지 않는 책을 20년에 걸쳐 썼고. 하지만 그는 또한 셰익스피어 이후 최고의 작가일 거야. 어쨌든, 그는… 말년의 삶을 되돌아보며 힘겨웠던 시절들이 삶에서 가장 좋았던 시기라고 했단다. 그것들이 자신을 만들었으니까. 행복했던 시절에는 아무것도 배운 게 없었대. 완전히 허송세월이었지.

드웨인은 히쭉 웃는다.

프랭크 : 그러니까 만일 네가 18살 때까지 잠만 잔다면… 아… (조소한다) 얼마나 소중한 경험들을 놓치게 될지 상상해 봐라. 내 말은, 고등학교? 그때가 삶에서 가장 고민이 많을 시절이란다. 그보다 더 고통스런 때는 없을 거다!

드웨인은 미소를 짓는다. 그는 바다를 내다본다.

드웨인 : 삼촌 그거 알아요…? 빌어먹을 미인 대회 말이에요. 인생은 저 망할 미인대회 같은 게 연속되는 거니까요. 학교, 그리고는 대학교, 그리고는 직장 경쟁까지. 우라질. 망할 공군 사관학교에도 갈 필요 없어. 비행하고 싶다면 다른 비행 방법도 있으니까. 남들이 뭐라든 내가 좋아하는 걸 하면 돼.

■ **unrequited**
보답 없는, 응보를 당하지 않는
(of love) not returned by the person that you love

■ **scoff**
비웃다, 조롱하다, 조소하다, 놀리다
to talk about somebody or something in a way that makes it clear that you think they are stupid or ridiculous

You know what?
그거 알아요?
자명하거나 입밖에 내기도 싫은 말을 할 때 사용하는 표현으로 '그거 알아요, 있잖아' 등의 뜻이다.

Zoom In

You know what?

그거 알아요?

Frank stares at Dwayne, impressed. Dwayne glances at Frank, who tries to play it cool.

FRANK : I'm glad you're talking again, Dwayne. You're not nearly as stupid as you look.

They look at each other and smile. They look out to sea.

FRANK : Wanna go back?

DWAYNE : Not, really.

Frank nods smiling.

DWAYNE : Yeah. We should go back.

146. INT. AUDITORIUM. DAY

The MC is up on the stage.

MC : And now, the moment we've been all waiting for! The talent competition.

A little girl walks out—very stagy—and begins to sing.
Richard sits in the audience. He's growing uneasy.

MC : Miss Carly Nugent!

A tiny girl in a seaman's outfit—smiling like crazy—dances around, raising her hand in salute. She's fantastic.

프랭크는 감동되어 드웨인을 응시한다. 드웨인은 프랭크를 흘끗 본다. 프랭크는 아무렇지도 않은 체한다.

프랭크 : 다시 말하게 돼 기쁘다, 드웨인. 넌 보기보다 멍청하지 않은 것 같다.

그들은 서로를 바라보며 웃는다. 그들은 바다를 내다본다.

프랭크 : 그만 돌아갈까?

드웨인 : 가기 싫은데요.

프랭크는 웃으면서 고개를 끄덕인다.

드웨인 : 그래요. 그래도 돌아가야죠.

146. 내부. 강당. 낮

사회자가 무대 위에 올라간다.

사회자 : 이제, 여러분이 고대하시던 재능 경합 시간입니다.

한 작은 소녀가 걸어 나온다—매우 과장된 표정—그녀는 노래하기 시작한다.
리처드는 관객 속에 앉아 있다. 불안해진다.

사회자 : 미스 칼리 뉴전트!

한 작은 소녀가 수병의 복장 차림으로 미친 듯이 웃으며 거수경례를 하면서 춤을 추며 돌아간다. 아주 멋지다.

■ **play it cool**
〈구어〉 냉정히 행동하다, 아무렇지도 않은 체하다
to deal with a situation in a calm way

■ **stagy**
과장된, 연극과 같은
not natural, as if it is being acted by somebody in a play

Not, really.
가기 싫은데요.
상대의 질문에 대해 부정을 할 때 흔히 사용하는 표현으로, '그렇지 않아요, 아닌데요'의 뜻이다. Not really! 는 '설마!' 의 뜻이다.

Zoom In

Not, really.

가기 싫은데요.

Richard's smile is fading. He's starting to worry.
The audience applauds.
Another tiny girl in a cowgirl outfit sings yodel.
The audience claps along.
The judges look satisfied.

MC : Yodel-ay-hee-hoo, that was great!

The next tiny girl performs acrobatic feats, turning somersaults.
The audience—charmed—starts clapping along. As she finishes, the audience rises as one in a standing ovation.

MC : Wow! Funkylicious!

Richard is the only one to remain seated. His face sinks as reality finally hits him—there's no way Olive will win.

147. INT. REGISTRATION HALL. DAY

Frank and Dwayne enter and stride towards the door of the auditorium. They open the door and walk into the blast of fast music.
The door shuts.

148. INT. AUDITORIUM. DAY

Another tiny girl is dancing vigorously on the stage.

149. INT. REGISTRATION HALL. DAY

The door reopens. Frank and Dwayne stagger out. They look at each other.

DWAYNE : I'm going backstage.

FRANK : Yeah. Right. See you.

Dwayne heads off as Frank leans against a wall, recovering.

리처드의 미소가 사라진다. 그는 걱정이 되기 시작한다.
관객은 박수갈채를 보낸다.
또 다른 작은 소녀는 여자 카우보이 복장 차림으로 나와 요들송을 노래한다.
관객은 박수갈채를 보낸다.
심사원들은 만족스러워 보인다.

사회자 : 요들아이히후, 정말 멋졌어요!

다음 번 작은 소녀는 공중제비를 돌면서 곡예를 선보인다.
관객은 매혹되어 계속 박수를 친다. 그녀가 끝내자, 관객은 일어나 기립 박수를 친다.

사회자 : 와! 정말 유연하군요!

리처드는 일어나지 않고 앉아 있는 유일한 관객이다. 그의 얼굴은 마침내 현실에 부딪히자 풀이 죽는다. 올리브가 우승할 방법은 없다.

147. 내부. 등록 홀. 낮
프랭크와 드웨인이 들어와 강당 문을 향해 성큼성큼 걸어간다. 그들은 문을 열고 빠른 음악의 소음 속으로 들어간다.
문이 닫힌다.

148. 내부. 강당. 낮
또 한 사람의 소녀가 무대 위에서 힘차게 춤을 추고 있다.

149. 내부. 등록 홀. 낮
문이 다시 열리고 프랭크와 드웨인이 비틀거리며 나온다. 그들은 서로를 바라본다.

드웨인 : 무대 뒤로 가 봐야겠어요.
프랭크 : 그래. 이따 보자.

드웨인은 가고 프랭크는 벽에 기대어 정신을 가다듬는다.

- **acrobatic feat**
  재주넘기, 곡예
- **acrobatic**
  곡예의, 곡예적인, 곡예 같은
  involving or performing difficult acts or movements with the body
- **somersault**
  공중제비, 재주넘기
  a movement in which somebody turns over completely, with their feet over their head, on the ground or in the air
- **ovation**
  만장의 (우레와 같은) 박수, 큰 갈채
  enthusiastic clapping by an audience as a sign of their approval
- **sink**
  풀이 죽다, 의기소침하다, 늘어지다, 낙담하다
  to be in a state of unhappiness or deep thought
- **blast**
  갑작스런 큰 소리, 폭발, 돌풍
  a sudden loud noise, especially one made by a musical instrument that you blow, or by a whistle or a car horn

Funkylicious!
정말 파격적이군요!
'기묘해 보이거나 신비롭게 보이나 동시에 매우 독특한 것'을 의미하는 단어다. funky는 속어로 '관능적인, 멋진, 파격적인'의 뜻이다.

Zoom In

Funkylicious!
정말 파격적이군요!

150. INT. PAGEANT DRESSING ROOM. DAY
Sheryl packs her bag and Olive appears between the curtains.

SHERYL : Oh, look at you. Is that your costume?

OLIVE : U-hmm.

She sits in a makeup chair, wearing a dark-blue vest, a red hair band and a red necktie. It's a slightly bizarre ensemble, given her girlish plumpness.

SHERYL : Okay, here.

Sheryl attaches her name tag on Olive's vest.
Richard approaches them and hesitates. Sheryl sees him.

SHERYL : Hey, what's going on?

RICHARD : Oh, I just ... I came to wish Olive good luck. (strokes Olive's head) How are you doin', honey?

OLIVE : (weak) Good.

SHERYL : (sotto voce) Nervous.

RICHARD : Yeah. You're gonna do great!

He kisses her head.

RICHARD : I just know it! (to Sheryl) Can I talk to you for a second?

SHERYL : Yeah.

They wander a few steps out of Olive's hearing range. Richard is agitated, troubled.

150. 내부. 대회 분장실. 낮
셰릴은 가방을 싸고 올리브가 커튼 사이에서 나타난다.

셰 릴 : 야, 정말 멋지다. 그게 네 의상이냐?
올리브 : 네.

그녀는 화장 의자에 앉는다. 짙은 청색 조끼와 빨간 머리띠, 그리고 빨간 넥타이를 매고 있다. 약간 이상야릇하게 조화가 잡힌 의상으로 그녀에게 소녀다운 포동포동함을 준다.

셰 릴 : 자, 여기.

셰릴은 올리브의 조끼 위에 명찰을 붙인다.
리처드가 그들에게 다가와서는 주저한다. 셰릴이 그를 본다.

셰 릴 : 이봐요, 웬일이야?
리처드 : 아, 그냥… 올리브에게 행운을 빌어주러 왔어. (올리브의 머리를 쓰다듬는다) 기분이 어떠니, 아가야?
올리브 : (약하게) 좋아요.
셰 릴 : (낮은 목소리로) 긴장했나 봐.
리처드 : 그래. 넌 잘 해낼 거야!

그는 그녀 머리에 입을 맞춘다.

리처드 : 당연하지! (셰릴에게) 잠깐 얘기 좀 할 수 있을까?
셰 릴 : 그러지.

그들은 올리브가 들을 수 있는 지역을 벗어나 몇 발자국 간다. 리처드는 난처해서 동요한다.

- **bizarre**
  이상야릇한
  very strange or unusual
- **ensemble**
  전체적 효과, 조화가 잡힌 한 벌의 여성복
  a number of things considered as a group; a set of clothes that are worn together
- **girlish**
  앳된, 소녀다운, 순진한
  like a girl; of a girl
- **agitated**
  흥분한, 동요한
  showing in your behaviour that you are anxious and nervous

Can I talk to you for a second?
잠깐 얘기 좀 할 수 있을까?
You got a minute? Can you spare a minute? Can I have a few words with you? Do you have a second? 등도 같은 뜻이다.

Zoom In

Can I talk to you for a second?
잠깐 얘기 좀 할 수 있을까?

SHERYL : What's up?

RICHARD : Uh ... (hesitates) I don't want her to go on.

Sheryl can't believe it.

151. INT. BACKSTAGE HALLWAY. DAY
Dwayne strides through the backstage, looking for Sheryl and Olive.
The clipboard-carrying Assistant tries to stop him.

PAGEANT ASSISTANT : Are you authorized to be backstage?

DWAYNE : No.

He continues walking and talks to a little princess standing around the corner.

DWAYNE : Hey, where are the dressing rooms?

PRINCESS : Are you allowed to be here?

DWAYNE : Just tell me where the dressing rooms are.

152. INT. PAGEANT DRESSING ROOM. DAY

RICHARD : Listen, we're not in Albuquerque anymore.

They are interrupted by Dwayne, who enters—a determined look on his face. Sheryl sees him.

SHERYL : Hey, how're you feeling?!

DWAYNE : Better. Where's Olive?

SHERYL : Just there. What's up?

DWAYNE : (hesitates, then sotto) Mom, I don't want Olive doing this.

셰 릴 : 무슨 일인데?
리처드 : 저… (주저한다) 애를 무대에 세우기 싫어.

셰릴은 이를 믿을 수 없다.

151. 내부. 무대 뒤 복도. 낮
드웨인이 셰릴과 올리브를 찾으면서 무대 뒤쪽으로 걸어 들어온다. 클립보드를 들고 있는 대회 보조원이 그를 막으려 한다.

대회 보조원 : 여기 출입증 갖고 있어요?
드웨인 : 아뇨.

그는 계속 걸어가며 모퉁이에 서 있는 작은 공주에게 말을 건다.

드웨인 : 이봐, 분장실 어디니?
공 주 : 여기 들어와도 돼요?
드웨인 : 분장실이 어딘지나 가르쳐 줘.

152. 내부. 대회 분장실. 낮

리처드 : 이봐, 여긴 더 이상 앨버커키가 아냐.

그들은 들어오는 드웨인에 의해 말을 중단한다. 그의 얼굴에는 결연한 표정이 있다. 셰릴이 그를 본다.

셰 릴 : 그래, 기분 어떠니?!
드웨인 : 나아졌어요. 올리브는 어디 있어요?
셰 릴 : 저기. 왜 그래?
드웨인 : (주저하다가 낮은 목소리로) 엄마, 나 올리브가 이러는 거 원하지 않아요.

■ **stride**
큰 걸음으로 걷다, 활보하다
(not used in the perfect tenses) to walk with long steps in a particular direction

■ **authorize**
권위[권한]를 부여하다, 위임하다, 정식으로 허가하다
to give official permission for something, or for somebody to do something

I don't want Olive doing this.
나 올리브가 이러는 거 원하지 않아요.
I don' t want Olive to do this.와 같은 표현이다.

Zoom In

I don't want Olive doing this.
나 올리브가 이러는 거 원하지 않아요.

SHERYL : Oh, my God ...!

DWAYNE : Look around! Mom, this place is fucked!

RICHARD : He's right!

DWAYNE : Look, I don't want these people judging Olive! Fuck them!

Sheryl pushes him between the dress racks.

SHERYL : Listen, it is too late ...

DWAYNE : No, it's not too late! You're the Mom and you're supposed to protect her! Everyone is gonna laugh at her, Mom. Please don't let her do this.

Sheryl stares at him, wavering. The Pageant Assistant passes by and calls out.

PAGEANT ASSISTANT : Olive Hoover! Two minutes.

Olive turns and looks at her.
She walks on. Dwayne and Sheryl face off.

DWAYNE : Look, she's not a beauty queen.

셰 릴 : 세상에…!

드웨인 : 돌아보세요! 엄마, 다들 미쳤어요!

리처드 : 쟤 말이 맞아!

드웨인 : 보세요, 저것들한테 올리브가 평가되는 게 싫어요! 빌어먹을!

셰릴은 옷걸이 사이로 그를 민다.

셰 릴 : 이봐, 너무 늦었어…

드웨인 : 아직 안 늦었어요! 엄마로서 올리브를 보호해야죠! 다들 올리브를 조롱할 거예요, 엄마. 제발 말려요.

셰릴은 머뭇거리면서 그를 바라본다. 대회 보조원이 지나가며 소리친다.

대회 보조원 : 올리버 후버! 2분 남았어요.

올리브가 돌아서서 그녀를 본다.
그녀는 계속 걸어간다. 드웨인과 셰릴은 싸울 태세다.

드웨인 : 봐요, 올리브는 미의 여왕이 아니에요.

- **waver**
  주저하다, 머뭇거리다
  to hesitate and be unable to make a decision or choice

- **face off**
  싸울 준비를 하다, 다투려고 하다
  to get ready to argue, fight or compete with somebody

- **beauty queen**
  미의 여왕(beauty contest의 우승자)

MOVIE TALK

괴짜 가족이 벌이는 로드 무비식 코미디

〈리틀 미스 선샤인〉은 2006년 선댄스 영화제를 빛낸 수작으로 관객들에게 호평을 받은 저예산 영화다. 미국 평단에서도 당해 연도 최고의 영화로 열렬한 지지를 받았으며 적지 않은 흥행 성과도 거둔 작품이다. 2007년 아카데미상에서는 작품상, 각본상, 남우 조연상, 여우 조연상에 노미네이트되어 최우수 각본상(Michael Arndt)과 남우 조연상(Alan Arkin: 할아버지 역)을 수상했다. 2007년 골든 글로브상에서는 최우수 작품상과 여우 주연상에 노미네이트되기도 했다.

작은 가족 영화로 큰 위안을 주며, 뜨거운 가족애를 싣고 도로 위를 질주하는 로드 무비이고, 어두운 웃음으로 마음을 따스하게 하는 코미디 영화라 할 수 있는 이 작품에 대한 평가는 유명한 영미 평론가들의 이야기를 들어봄으로써 어느 정도 가늠할 수 있을 것이다. 물론 대체적인 리뷰가 호의적임은 말할 것도 없다.

뉴욕 타임스의 마놀라 다지스는 “영화는 그 스토리나 그 기능 어느 하나의 점에서 특별히 야심에 차 있는 것처럼 보이지 않는다. 하지만 모든 상처와 조크 사이에 덮어져 성격 발전과 전반적으로 빼어난 연기는 오늘날의 미국을 놀라울 정도로 날카롭게 바라본다. 탁 트인 도로의 소중하게 간직된 신화에 대해 여정의 메타포(확대 해석하면, 경쟁)를 설정한다. 일확천금을 노리는 계획을 행상하고 있는 아버지처럼, 그리고 제트기 조종사가 됨으로써 비좁고 갑갑한 곳을 날아가고자 열망하는 오빠처럼, 올리브는 자신의 삶보다 더 현실이 되어 버린 환상의 세계에 산다… 대개의 경우, 조크와 감도는 한결 같은 앙상블과 방향, 그리고 감동적인 인간 코미디에 의지하여 자동차를 타고 나아가는 영화에서 오히려 친절하다. 각본을 쓴 Arndt는 솜씨 좋게 재미있는 짤막한 재담과 상황을 많이 풀어놓는데, 그것들 중 최고는 마치 포르노 잡지와 마르셀 프루스트 사이의 충돌처럼 더 없는 부조리를 따라 떠다닌다."라고 했다.

영국 BBC의 스텔라 파파마이클은 "죽음과 기능 장애를 다루고 있음에도, 인디 코미디 드라마인 영화는 온기와 매력을 발산한다. …스토리는 세련과 우둔을 매력 있게 혼합하여 전개된다. Dayton과 Faris는 여유 있는 냉소 없이 전통적인 미국의 가치—미인 대회에서 조숙하게 자세를 취하는 올리브에 의해서 유쾌하게 요약된—를 대담하게 풍자한다. 더욱 중요한 것은 후버 가족이 점차 서로를 알게 되면서 그 여행이 충분히 매력 있고 기이하게 마음에 사무치게 된다는 점이다. 그것은 여러분들에게 자기만족의 행복감에 젖어 들게 할 것이 분명하다."

LITTLE MISS SUNSHINE

타임지의 리처드 시켈은 비현실적인 꿈이라는 제하에서 "미국의 기능 장애! 이 일반적이고 진부한 영화 뒤

LITTLE MISS SUNSHINE

LITTLE MISS SUNSHINE

LITTLE MISS SUNSHINE

에서 열심히 재미있게 현실을 바라보는 것보다 더 우스꽝스럽게 영감을 주는 일이 있을까? Michael Arndt의 각본에서의 과장에도 불구하고 영화는 우리의 독실한 체함이 생각하도록 허용하는 것보다 환상이 몰고 가는 절망의 가장자리에서 사람들이 정말로 살아 가는 방법에 대한 진실에 가깝게 다가간다."

L.A. 타임스의 글렌 웝은 "선댄스에서 히트를 친 작품의 인물들은 매우 노련하게 그려지고 매우 뛰어나게 연기되었기 때문에 영화가 가끔 강요하는 괴짜를 쉽게 용서할 수 있다. 관객은 후버 가족이 도로 여행에서 어디로 가고 있는지를 정확하게 알지 모르나, 환경에 적응하지 못하는 이들이 여행을 하면서 자신들과 서로에 대해 뭔가를 배우는 것을 지켜보는 것은 큰 즐거움이다."

인물들의 연기에 대해서 샌프란시스코 크로니클의 루스 스타인은 "캐스트는 아주 완벽해서 그 역할에 다른 누구를 상상한다는 것이 불가능하다. Arkin의 자연스러움은 그가 즉흥적으로 연주하고 있다는 인상을 준다. Kinnear는 분명히 그의 다음 카드가 도박에서 이길 것이 분명한 노름꾼의 과장된 에너지를 구현한다. 그와 Collette은 아이들을 위해서 그것을 결합시키려고 애를 쓰면서 한 부부의 좌절을 전달하기 위해 효과적으로 신체 언어를 사용한다. 두 사람은 거의 신체적인 접촉을 하지 않는다. 그들이 말로서 서로에게 폭언을 퍼붓는 장면은 특별히 연기가 잘 되었다."

결국 〈리틀 미스 선샤인〉은 예쁜 영화이고 착한 영화이며, 잘 만든 영화이고 즐거운 영화다. 등장인물들은 남이 아니라 바로 우리들이며 우리들의 자화상이다. 그들 모두는 우리와 한 가족인 것이다. 그들은 하나같이 다 패배자들이지만 삶을 부정하지 않는다. 그렇다고 인물들이 노상에서 뭔가 큰 진리를 깨닫는 것도 아니고 과거의 자신들과 크게 달라지는 것도 없다. 계속 패배하고 좌절하며 허둥대면서 깔깔댄다. 하지만 그들은 자신들의 삶이 그런대로 살 만하다는 것, 각자가 자신의 방식과 개성을 버리지 않아도 화목한 가족을 구성할 수 있다는 것, 인생은 승리자와 패배자만 있는 것이 아니라 그 중간에 머무는 사람도 있으며 모두가 단지 인생을 살아갈 뿐이라는 것을 전한다. 삶이란 고통이나 패배까지 포함해서 자신에게 주어진 몫을 살아가는 것이며 고통이 없으면 고통을 추억할 수 있는 즐거움도 사라진다는 것을 잔잔하게 보여 준다. 인물들은 고물딱지 버스에 몸을 싣고 길에서 통찰을 길어 올리며 관객에게 묘한 감정의 흔적을 뿌리며 지나간다. 화려한 배경이나 특수효과 하나 없이 삶이란 평범함 속에서 가족이란 의미를 현실적으로 전달하는 아주 멋진 영화라 할 수 있다.

Chapter 10

믿을 수 없을 정도로 멋졌어

You Were Beyond Great

시간 01:27:53 ~ 01:37:12

153. INT. OLIVE'S STATION. DAY
Olive sits, listening. Her face betrays nothing. Dwayne's voice is faint but clear.

154. INT. PAGEANT DRESSING ROOM. DAY
Sheryl and Dwayne stare at each other.

DWAYNE : She's just not. I'm gonna tell her.

Dwayne tries to push past. Sheryl stops him.

SHERYL : No, no, Dwayne. You listen to me. Olive is who she is. She has worked so hard, she's poured everything into this. We can't just take it away from her. We can't. I know you want to protect her, I know, honey. But ... we've gotta let Olive be Olive.

The clipboard-wielding Assistant returns.

153. 내부. 올리브 구역. 낮
올리브는 앉아서 듣고 있다. 그녀의 얼굴은 아무것도 나타내지 않는다. 드웨인의 목소리는 약하지만 분명하다.

154. 내부. 대회 분장실. 낮
셰릴과 드웨인은 서로를 응시한다.

드웨인 : 올리브는 아니라고요. 내가 가서 말할게요.

드웨인이 밀고 지나가려고 한다. 셰릴이 그를 세운다.

셰 릴 : 안 돼, 안 돼, 드웨인. 내 말 좀 들어 봐. 올리브는 올리브야. 그 애가 지금까지 얼마나 열심히 노력했는데. 모든 걸 여기다 다 쏟았어. 우리가 이런 식으로 기회를 빼앗아 갈 순 없어. 안 돼지. 네가 동생을 보호하려는 건 알지만 올리브가 원하는 대로 두자.

클립보드를 흔드는 보조원이 돌아온다.

▪ betray
무심코 나타내다, 드러내다, 저버리다, 누설하다
to give information about somebody or something to an enemy

▪ wield
휘두르다, 사용하다, 지배하다
to have and use power, authority, etc.; to hold something, ready to use it as a weapon or tool

PAGEANT ASSISTANT : Olive Hoover? Are you the family?

SHERYL : (nodding) Yeah. (to Dwayne and Richard) Okay?

She walks off. They return—en masse—to Olive.

155. INT. OLIVE'S STATION. DAY

Olive is seated in her chair, staring dumbly at the floor.
Sheryl approaches her.

SHERYL : Olive, it's time. Are you okay?

OLIVE : Yeah.

Olive won't look at her.

PAGEANT ASSISTANT : We've gotta go. Now.

SHERYL : Hang on. (to Olive) Olive, look at me. If you don't wanna do this, that's okay.

The Assistant checks her watch.

SHERYL : If you wanna sit this one out, it's totally fine by us. We're proud of you anyway.

PAGEANT ASSISTANT : (V.O.) We gotta go.

Silence.

PAGEANT ASSISTANT : (V.O.) It's time!

Olive takes off her glasses and puts on a hat.
Olive stands up. She walks to the Assistant.

대회 보조원 : 올리브 후버? 가족 되십니까?
셰 릴 : (고개를 끄덕이며) 네. (드웨인과 리처드에게) 알았지?

그녀는 걸어간다. 그들은 한 묶음이 되어 올리브에게 돌아온다.

155. 내부. 올리브 구역. 낮
올리브는 의자에 앉아서 말없이 바닥을 응시하고 있다.
셰릴이 그녀에게 다가온다.

셰 릴 : 올리브, 시간 됐다. 괜찮아?
올리브 : 네.

올리브는 그녀를 쳐다보려 하지 않는다.

대회 보조원 : 이제 가야 해요.
셰 릴 : 잠깐만요. (올리브에게) 올리브, 날 봐. 하기 싫대도 괜찮아.

보조원은 시계를 확인한다.

셰 릴 : 출전하지 않아도 우린 괜찮아. 어쨌든 우리 모두 네가 자랑스럽단다.
대회 보조원 : (목소리) 가야 해요.

침묵.

대회 보조원 : (목소리) 시간 됐어요!

올리브는 안경을 벗고 모자를 쓴다.
올리브는 일어선다. 그녀는 보조원에게 걸어간다.

- **en masse**
  한 묶음으로, 통틀어서
  all together, and usually in large numbers
- **dumbly**
  말없이, 묵묵히
- **sit out**
  참가하지 않다, 축에 끼지 않다
  to not take part in a dance, game or other activity

Hang on.
잠깐만요.
상대에게 잠깐 기다리라고 요구할 때나 그들이 하고 있는 일을 중지하라고 말할 때 사용하는 표현이다.

Zoom In

Hang on.

잠깐만요.

PAGEANT ASSISTANT : (nodding) Ready? Let's go.

She takes Olive's hand. They stride off. Sheryl follows them. Dwayne and Richard stand and watch—powerless—as Olive is led off.
Then they follow.

156. INT. HOTEL HALLWAY. DAY
Tracking backwards with Olive. She's got her game face on—a mask of fear and determination. Sheryl calls after her.

SHERYL : Good luck, honey!

Olive keeps walking without looking back.

157. INT. BACKSTAGE HALLWAY. DAY
Olive is led down a long hallway.

PAGEANT ASSISTANT : (into headphone) Copy that. 25 is performance ready, and we're walking. As fast as we can.

158. INT. REGISTRATION HALL. DAY
Frank re-enters. Dwayne, Sheryl, and Richard are coming the other way.
They rush to the auditorium.

FRANK : Is she going on?

DWAYNE : She's going on.

They enter the auditorium together.

대회 보조원 : (고개를 끄덕이며) 준비 됐어? 가자.

그녀는 올리브의 손을 잡는다. 그들은 성큼성큼 걸어간다. 셰릴이 뒤를 따른다. 드웨인과 리처드는 올리브가 끌려갈 때 맥없이 서서 보고 있다.
그러다가 그들도 뒤를 따른다.

156. 내부. 호텔 복도. 낮
카메라는 올리브를 뒤에서 따라간다. 그녀의 얼굴은 투지가 만만하다. 두려움과 결단력으로 가장한 얼굴이다. 셰릴은 그녀를 향해 소리친다.

셰 릴 : 행운을 빈다, 아가야!

올리브는 뒤를 돌아보지 않고 계속 걸어간다.

157. 내부. 무대 뒤 복도. 낮
올리브는 긴 복도로 안내된다.

대회 보조원 : (헤드폰에다) 알았다. 25번 참가자 준비됐어요. 지금 갑니다. 최대한 빨리 가는 중이에요.

158. 내부. 등록 홀. 낮
프랭크가 다시 들어온다. 드웨인, 셰릴, 그리고 리처드는 다른 방향에서 온다. 그들은 급히 강당으로 간다.

프랭크 : 출전하는 거야?
드웨인 : 출전하는 거예요.

그들은 함께 강당으로 들어간다.

- **powerless**
  무력한, 무능한, 무기력한
  without power to control or to influence somebody or something

- **game face**
  투지만만한 얼굴, 쓰러질 때까지 굽히지 않는 얼굴, (운동선수의) 단호한 표정

Copy that.
알았다.
I copy that.의 준말로 워키토키의 용어이며, 'I understand., Gotcha., Alright., Yup., Uh-huh.' 등의 뜻이다.

Zoom In

Copy that.
알았다.

159. INT. AUDITORIUM. NIGHT
Yet another little blond girl is on stage, taking her bows to polite applause.

MC : Pure fairy-tale magic! Miss Charisma Whiteman!

Richard leads Sheryl, Dwayne, and Frank to their seats.

MC : Wasn't that a stardust fantasy? Thank you for that. You have been such a patient audience. We have one more contestant and then we'll be crowning our winner.

160. IN THE WINGS
Olive stands next to the edge of the curtain watching the MC.

MC : (V.O.) Please give a warm welcome to Miss Olive Hoover!

Applause.
We follow Olive out onto the stage.
Silence.
Olive waves over the MC. He walks over to her.

MC : (whispers) Is everything okay?

She nods and holds the mic.

OLIVE : Um ... I'd like to dedicate this to my Grandpa, who showed me these moves.

MC : Oh, that is so sweet!

159. 내부. 강당. 밤
또 한 꼬마 금발 소녀가 무대 위에서 품위 있는 박수갈채에 대해 인사를 한다.

사회자 : 정말 동화 같은 마술이네요! 미스 카리스마 화이트먼이었어요!

리처드는 셰릴, 드웨인, 프랭크를 자리로 안내한다.

사회자 : 정말 꿈같이 환상적이었죠? 감사합니다. 정말 오래 기다리셨습니다. 마지막 참가자의 연기를 보고 우승자를 발표하도록 하겠습니다.

160. 무대 옆
올리브는 사회자를 보면서 커튼 언저리 옆에 서 있다.

사회자 : (목소리) 모두 올리브 후버 양을 따뜻한 박수로 환영해 주십시오!

박수갈채.
카메라는 올리브를 따라 무대로 나간다.
침묵.
올리브는 사회자에게 손짓을 한다. 그가 올리브에게 다가간다.

사회자 : (속삭인다) 모두 다 준비됐니?

그녀는 고개를 끄덕이고 마이크를 잡는다.

올리브 : 음… 이 동작을 가르쳐 주신 제 할아버지께 이 춤을 바치고 싶습니다.

사회자 : 아, 정말 사랑스럽네요!

- **stardust**
〈구어〉 넋을 잃게 하는 매력, 꿈 같은 경지, 황홀함

- **mic**
microphone의 약어
a device that is used for recording sounds or for making your voice louder when you are speaking or singing to an audience

I'd like to dedicate this to my Grandpa.
제 할아버지께 이것을 바치고 싶습니다.
dedicate ~ to ...는 '…에게 ~을 바치다, 헌정하다, 봉납하다'의 의미이다.

Zoom In

I'd like to dedicate this to my Grandpa.
제 할아버지께 이것을 바치고 싶습니다.

Dwayne, Frank, Sheryl, and Richard watch nervously.
Applause.

MC : Is he here? Where's your Grandpa right now?

OLIVE : In the trunk of our car.

The MC doesn't know how to react.

MC : Okay! Well! Take it away, Olive!

He retreats. She is alone on stage. She takes a breath.
A blast of hard rock 12 bar blues comes out of the speakers.
Olive turns around, her back to the audience.
The music is hard-driving and nasty. It is completely different from the other pageant music we've heard.
For the first four measures, Olive barely moves, rocking her shoulders and hips to the beat.
Dwayne, Frank, Sheryl, and Richard all glance at each other.
This is not what they expected.
No one knows what to make of Olive rocking, her back turned.
However, when the first verse begins, Olive turns, throws her hat aside and strides up the stage—hands on hips, shoulders swinging—with an absolute and spectacular physical self-confidence. Then she takes off her pants. Red shorts appear.
She whirls them over her head and throws them away. Miss California, at the judges table by the stage, smiles feeling good for Olive.
Olive rocks out, busting crazy moves this stage has never seen: shakes, shimmies, twirls, undulations. These moves are clearly drawn from Grandpa's sixty-year career of strip-bar patronage.
The judges talk in whispers. Some little girls stand and begin to walk out.
A boy in the audience shouts.

드웨인, 프랭크, 셰릴, 그리고 리처드는 불안하게 바라본다.
박수갈채.

사회자 : 여기 참석하셨니? 할아버지가 지금 어디 계시니?

올리브 : 차 트렁크에 계세요.

사회자는 어떻게 반응을 해야 할지 모른다.

사회자 : 좋아요! 자! 시작해 주세요, 올리브!

그는 물러선다. 그녀는 무대에 홀로 남았다. 그녀는 심호흡을 한다.
하드록 12번 바 블루스곡이 스피커로부터 터져 나온다.
올리브는 관객에게 등을 돌리고 돌아선다.
음악은 정력적이고 음란하다. 그것은 지금까지 다른 참가자의 콘테스트 음악과는 완전히 다르다.
처음 네 소절 동안 올리브는 별로 움직이지 않고 강렬한 리듬에 맞춰 어깨와 히프를 흔든다.
드웨인, 프랭크, 셰릴 그리고 리처드는 모두 서로를 바라본다.
이것은 그들이 예상했던 것이 아니다.
아무도 올리브가 등을 돌리고 몸을 흔드는 것을 어떻게 생각해야 할지 모른다.
하지만, 첫 절이 시작되자, 올리브가 돌아서서는 모자를 옆으로 던지고는 무대로 성큼 걸어 나온다. 양손은 히프 위에 놓고 어깨를 흔들면서 절대적이고 눈부시게 육체적 자신감을 내보인다.
그리고는 자신의 바지를 벗는다. 빨간 짧은 바지가 나타난다.
그녀는 그것을 머리 위에서 돌리더니 집어 던진다. 무대 옆 심사원 테이블에 앉아 있는 미스 캘리포니아는 올리브를 좋게 생각하면서 미소를 짓는다.
올리브는 록에 맞추어 춤을 추면서 지금까지 무대에서 보지 못한 기묘하고 이상한 행동을 하기 시작한다. 몸 흔들기, 엉덩이 흔들기, 비틀어 돌리기, 몸을 굽이치기 등.
이런 동작들은 60년 동안 스트립 바의 단골손님이었던 할아버지로부터 온 게 분명하다.
심사원들은 귓속말로 속삭인다. 일부 작은 소녀들은 일어서서 걸어 나가기 시작한다.
관객 속의 한 소년이 소리친다.

- **hard rock**
  하드록(앰프를 사용하여 규칙적인 비트를 연주하는 록)
  a type of loud modern music with a very strong beat, played on electric guitars
- **hard-driving**
  정력적인
- **measure**
  소절, 박자
- **beat**
  강렬한 리듬, 비트, 박자
- **verse**
  (노래의) 절
  a group of lines that form a unit in a poem or song
- **rock out**
  록에 맞추어 춤을 추다
- **shimmy**
  〈속어〉 엉덩이를 흔드는 것
- **twirl**
  비틀어 돌리기
- **undulation**
  파동, 굽이침
  a smooth curving shape or movement like a series of waves

Take it away, Olive!
올리브 양, 시작해 주세요!
Take it away!는 속어로 '(노래, 연주를) 시작하시오!'의 관용 표현이다.

Zoom In

Take it away, Olive!

올리브 양, 시작해 주세요!

VOICE : You suck!

Sheryl and Frank try to find who he is.

FRANK : Those little fuckers! I'll kill them.

Another boy shouts.

VOICE : You stink!

Olive is confused. She doesn't understand these noises.
This time she takes off her vest and blouse.
The audience is stunned. Mouths hang open.
Sheryl, Frank and Dwayne gape. Richard is baffled.

RICHARD : (shaking his head) No, no, no, no, no.

The audience begins to walk out one after another.
She dances with a total command—an exuberant, even witty mastery of her body, the music, the moves, everything.
Most of all, she's doing it for herself—for her own sense of fun—and the judges are instantly irrelevant.
Abruptly, Frank stands and pumps his fist to the music.
Richard stands, suddenly exhilarated, and joins Frank. He claps—tentative, then more and more unself-consciously.
Grandpa was right—she's blowing them out of the water.
Olive throws the red band to Ms. Jenkins. This is too much for Ms. Jenkins. She looks around and spots Sheryl, Richard and Frank standing and cheering. She gets up and walks up the aisle. MC doesn't know how to react.
Sheryl, relieved and amazed stands and joins Richard.
Just then Ms. Jenkins approaches and yells at Richard and Sheryl.

MS. JENKINS : What is your daughter doing?!

목소리 : 꼴좋다!

셰릴과 프랭크는 그가 누군지 찾으려고 한다.

프랭크 : 저런 망할 것들! 가만 안 두겠어!

또 다른 소년이 소리친다.

목소리 : 걸레 같아!

올리브는 당황한다. 그녀는 이런 소음들을 이해하지 못한다.
이번에는 올리브가 자신의 조끼와 블라우스를 벗는다.
관객은 경악한다. 입이 벌어진다.
셰릴, 프랭크 그리고 드웨인은 입을 딱 벌린다. 리처드는 당황한다.

리처드 : (고개를 가로저으면서) 안 돼, 안 돼, 안 돼, 안 돼, 안 돼.

관객은 하나씩 하나씩 걸어나가기 시작한다.
그녀는 완전히 지배하면서 춤을 춘다. 자신의 몸과 음악, 동작, 모든 것을 기력이 넘쳐 흐르고 심지어 재치 있게 통제하고 있다.
무엇보다도 그녀는 그녀 스스로 그것을 하고 있다. 그녀 자신이 재미가 나서 말이다. 그런데 심사원들은 당장 중요하지 않다.
갑자기 프랭크가 일어나 음악에 맞춰 주먹을 흔든다.
리처드가 갑자기 기분이 들떠서 일어나 프랭크에 합세한다. 그는 박수를 친다. 처음에는 자신 없는 듯하다가 점점 더 무의식적이 된다.
할아버지가 옳았다. 그녀는 관객을 매혹시키고 있는 것이다.
올리브는 빨간 밴드를 미즈 젠킨스에게 던진다. 미즈 젠킨스는 이를 도저히 참을 수 없다. 그녀는 주위를 둘러보다가 셰릴, 리처드 그리고 프랭크가 서서 환호하고 있는 것을 발견한다. 그녀는 일어나 복도를 걸어 올라간다. 사회자는 어떻게 해야 할지 모른다.
셰릴은 안심이 되고 놀라 일어서서 리처드에게 가담한다.
그때 미즈 젠킨스가 다가와 리처드와 셰릴에게 소리를 지른다.

미즈 젠킨스 : 따님이 대체 뭐 하는 겁니까?!

- **gape**
  입을 딱 벌리다

- **exuberant**
  열광적인, 기력이 넘쳐 흐르는, 원기 왕성한
  full of energy, excitement and happiness; (of plants, etc.) strong and healthy; growing quickly and well

- **irrelevant**
  부적절한, 무의미한, 엉뚱한
  not important to or connected with a situation

- **exhilarated**
  유쾌해진, 기분이 들뜬
  • exhilarate
  …을 쾌활하게 하다, 고무하다
  to make somebody feel very happy and excited

- **tentative**
  임시의, 주저하는, 망설이는 듯한, 모호한
  (of an arrangement, agreement, etc.) not definite or certain because you may want to change it later

You suck!
꼴 좋다!
suck은 속어로 '실망, 대실패'의 뜻이다. What a suck! Sucks (to you)!라고도 한다.

Zoom In

You suck!

꼴 좋다!

Sheryl—taken aback—has no answer. Richard leans in.

RICHARD : She's kicking ass. That's what she's doing!

The Official is incensed. She turns and walks back to the MC—at the side of the stage—waves to him. He bends down, listens. She yells at him.

MS. JENKINS : Get over here. Get over here! I want that little ragamuffin off this stage. Go get her. Right now. Right this minute!

RICHARD : (points) Don't touch her. Don't touch her.

The MC walks on stage and tries to stop Olive from dancing.

MC : Your act's over, honey.

Olive doesn't know what he's doing, but she won't let him break her routine. She wiggles away and keeps dancing.

MC : Hey! Stop. Stop. Honey ...

Richard—outraged—races to the front of the auditorium.

RICHARD : Hey!

He leaps on the stage, jumps on the MC's back and rides him—piggy-back—into the wings.

RICHARD : Hey, let go of my daughter!

셰릴은 깜짝 놀라서 대답을 하지 못한다. 리처드는 몸을 기댄다.

리처드 : 화끈하게 추고 있잖아요. 보시다시피!

그녀는 격노한다. 그녀는 돌아서서 무대 옆으로 사회자에게 걸어가 그에게 손을 흔든다. 그는 몸을 숙이고 경청한다. 그녀는 그에게 소리를 친다.

미즈 젠킨스 : 이리 와요. 이리 오라고! 당장 저 부랑아를 무대에서 끌어내세요. 빨리 가서 붙잡아. 당장이오. 지금 당장!

리처드 : (가리킨다) 내 딸에게 손 대지 마. 손 대지 말라고.

사회자는 무대 위를 걸어가 올리브가 춤추는 것을 중지시키려 한다.

사회자 : 이제 끝났단다, 아가.

올리브는 그가 무슨 일을 하는지 모르지만 그가 자신이 춤추는 것을 막지 못하게 하려 한다. 그녀는 몸을 좌우로 움직여 피해 다니며 계속 춤을 춘다.

사회자 : 애야! 그만 해. 그만 해. 아가야…

리처드는 화가 치밀어 강당 앞쪽으로 달려간다.

리처드 : 이봐!

무대 위로 뛰어올라 사회자의 등 위에 올라탄다. 등에 타고 무대 옆으로 간다.

리처드 : 이봐, 내 딸한테서 손 떼!

- **taken aback**
  깜짝 놀란
  shocked or surprised by somebody or something
- **incensed**
  몹시 성난, 격노한
  • incense
  …을 몹시 성나게 하다
  to make somebody very angry
- **ragamuffin**
  부랑아, 누더기를 걸친 더러운 소년
  a person, especially a child, in dirty torn clothes
- **wiggle**
  몸을 좌우로 움직이다, 파동 치다, 뒤흔들다
  to move from side to side or up and down in short quick movements; to make something move in this way
- **piggy-back**
  등에 타고

She's kicking ass.
화끈하게 추고 있잖아요.
kick ass는 속어로 '지배하다, 압도하다, 공격적으로 하다, 활기가 있다'의 뜻이다.

Zoom In

She's kicking ass.

화끈하게 추고 있잖아요.

DWAYNE : Holy shit ...!

Dwayne and Frank immediately follow him up onto the stage, instinctively looking to back Richard up.

RICHARD : Just let her finish!

He pulls the MC into the wings.
Olive stops dancing and looks at Richard.

MC : Help! Get off me! Get off me!

Richard is pulled off the pissed-off MC by two hotel security guards who step in and pull them apart.

MS. JENKINS : Take charge! Just take charge!

Richard, grappling with the guards, waves Olive on.

RICHARD : Keep dancing! Daddy's okay!

Olive turns and stares at the audience. She hears the music and starts to dance again, fluid and relaxed.
Ms. Jenkins steps forward and angrily confronts Richard.

MS. JENKINS : Get your daughter off this stage right now!

Richard–taken aback–hesitates. She presses.

MS. JENKINS : Now!

드웨인 : 맙소사…!

드웨인과 프랭크는 즉시 그를 따라 무대 위로 올라가 본능적으로 리처드를 지원한다.

리처드 : 연기를 끝내게 둬요!

그는 사회자를 무대 옆으로 당긴다.
올리브는 춤을 멈추고 리처드를 바라본다.

사회자 : 도와 줘요! 이거 놔!

리처드는 두 사람의 호텔 경호원들이 끼어들어 그들을 떼어놓는 바람에 진저리 난 사회자에게서 떨어진다.

미즈 젠킨스 : 꼭 잡아요! 꼭 잡으라고!

리처드는 경호원들을 해치우려고 노력하면서 올리브에게 계속하라고 손을 흔든다.

리처드 : 계속 춤 춰! 아빠 괜찮으니까!

올리브는 돌아서서 관객을 응시한다. 그녀는 음악 소리를 듣고 다시 춤을 추기 시작한다. 동작이 물 흐르는 듯 부드럽고 느긋하다.
미즈 젠킨스는 앞으로 나서며 화가 치밀어 리처드와 맞선다.

미즈 젠킨스 : 당장 따님을 무대에서 내려오게 하세요!

리처드는 놀라서 주저한다. 그녀는 재촉한다.

미즈 젠킨스 : 당장이오!

- **pissed-off**
  진저리 난, 짜증난
  annoyed or bored

- **grapple**
  해치우려고 노력하다, 이기려고 애쓰다
  to take a firm hold of somebody or something and struggle with them; to try hard to find a solution to a problem

- **fluid**
  동작이 물 흐르는 듯 부드러운, 유려한
  (of movements, designs, music, etc.) smooth, graceful and flowing; (of a situation) likely to change; not fixed

- **relaxed**
  느긋한, 느슨한
  (of a person) calm and not anxious or worried; (of a place) calm and informal; not caring too much about discipline or making people follow rules

Take charge!
주도권을 잡아!
구어로 '주도권을 장악하다, 책임을 떠맡다' 등의 의미이다.

Zoom In

Take charge!

주도권을 잡아!

Richard stares. Then he nods. He turns and walks out on stage. He steps up behind Olive.
Then—in sync with Olive—Richard starts dancing.
They dance together: Olive in front, Richard backing her up.
Ms. Jenkins is baffled.
Frank steps out on stage, and dances next to Richard—a surprisingly competent set of butt-wagging, party-music moves. Dwayne follows Frank, rockin' out as best he can.
Sheryl laughs loudly, looking at them.
A beat.
Sheryl walks, then runs, and jumps up on stage. She hugs Olive and then dances together.
As the song winds up, Sheryl, Richard, Frank and Dwayne line up next to Olive for a unified series of thrusts.
Kirby claps his hands. A few audience members respond with a standing ovation.
Silence.
Abruptly the Biker stands and yells to the stage, holding up his hands in the air.

BIKER : Yeah! All right!

161. INT. OFFICE. NIGHT
Richard, Sheryl, Olive, Frank, and Dwayne sit—dazed—in a drab office.
At the background we can see Ms. Jenkins talking to a police officer.

PA SYSTEM : Housekeeping, dial two-three. Housekeeping, dial two-three. Any available bellmen to the main entrance.

A door opens. A cop appears. They all look over.

POLICE OFFICER : Okay. You're out, on the condition that you never enter your daughter in a beauty pageant in the State of California ever again. Ever.

리처드는 응시한다. 그리고는 고개를 끄덕인다. 그는 돌아서 무대 위로 걸어나간다. 그는 올리브 뒤에 선다.
그리고는 올리브와 동조하여 리처드가 춤을 추기 시작한다.
그들은 함께 춤을 춘다. 올리브는 앞쪽에서 리처드는 뒤에서 그녀를 지원한다.
미즈 젠킨스는 당황한다.
프랭크가 무대 위에 뛰어올라 리처드 옆에서 춤을 춘다. 놀라울 정도로 능숙하게 엉덩이를 흔들어 움직이는 파티 음악 동작이다. 드웨인이 프랭크를 따라서 할 수 있는 한 최대로 몸을 흔들어 움직인다.
셰릴은 그들을 보면서 큰 소리로 웃는다.
잠시.
셰릴이 걷다가 뛰어서 무대 위로 뛰어 올라간다. 그녀는 올리브를 껴안더니 함께 춤을 춘다.
노래가 끝나자 셰릴, 리처드, 프랭크 그리고 드웨인은 일사불란하게 단합된 집단 이동으로 올리브 옆에 줄지어 선다.
커비가 박수를 친다. 몇몇 관객이 기립 박수로 응답을 한다.
침묵.
갑자기 그 폭주족이 일어서며 무대를 향해 소리치며 허공에 양손을 들어 올린다.

폭주족 남자 : 그래! 좋았어!

161. 내부. 사무실. 밤

리처드, 셰릴, 올리브, 프랭크 그리고 드웨인은 멍하니 단조로운 사무실에 앉아 있다.
배경에는 미즈 젠킨스가 한 경찰관에게 말하고 있는 것이 보인다.

확성기 : 객실 담당은 23번으로 연락 주세요. 임무가 없는 벨맨은 로비로 와 주세요.

문이 열리고 한 경찰관이 나타난다. 그들 모두는 살핀다.

경찰관 : 좋아요. 따님을 캘리포니아 주내 미인 대회에 다시는 출전시키지 않겠다고 약속하면 가셔도 좋습니다. 영원히요.

- **in sync with**
  …와 동조하여, 협조하여
  moving or working at exactly the same time and speed as somebody or something else
  - sync
    동시 진행
    synchronization; also synchronisation
- **competent**
  유능한
  having enough skill or knowledge to do something well or to the necessary standard
- **butt**
  〈구어〉 엉덩이
  the part of the body that you sit on
- **wag**
  흔들어 움직이다
  to move from side to side several times; to shake your finger or your head from side to side or up and down, often as a sign of disapproval
- **thrust**
  사람의 집단 이동
  a sudden strong movement that pushes something or somebody forward
- **PA system**
  확성기
  public-address system

Any available bellmen to the main entrance.
임무가 없는 벨맨은 로비로 와 주세요.
If there are any available bellmen, come to the main entrance, please.
의 뜻이다.

Zoom In

Any available bellmen to the main entrance.

임무가 없는 벨맨은 로비로 와 주세요.

They just look ahead.

FRANK : (hesitates) I think we can live with that.

162. EXT. PARKING LOT. DAY

Richard checks the sliding door of the van. The others stand beside him.

RICHARD : All right. We're back in business. Lock and load.

Sheryl, Frank, Dwayne and Olive walk up to the van carrying bags.
Richard opens the trunk. They watch the empty sheet quietly.
Olive sighs deeply.
Richard looks at her and folds up the sheet.

RICHARD : Olive, your Grandpa would have been really proud of you.

SHERYL : Yeah, you were great!

She kisses Olive's head.

FRANK : You were beyond great.

DWAYNE : You were incredible.

OLIVE : (smiling) Thank you.

Richard shuts the trunk.

RICHARD : Let's get outta here ...!

He walks and opens the door of the driver's seat. Everyone else is behind the car and is ready to push.

그들은 단지 앞쪽을 본다.

프랭크 : (주저한다) 그 정도야 감수할 만하죠.

162. 외부. 주차장. 낮
리처드는 버스의 옆문을 점검한다. 나머지는 그 옆에 서 있다.

리처드 : 좋아. 그럼 출발이다. 어서들 떠날 준비해.

셰릴, 프랭크, 드웨인 그리고 올리브는 가방을 들고 차로 다가간다.
리처드는 트렁크를 연다. 그들은 말없이 비어 있는 시트를 지켜본다.
올리브는 깊게 한숨을 쉰다.
리처드는 그녀를 보고는 시트를 접는다.

리처드 : 올리브, 네 할아버지도 무척 자랑스러우셨을 거야.
셰 릴 : 그래, 정말 멋졌어!

그녀는 올리브의 머리에 입을 맞춘다.

프랭크 : 믿을 수 없을 정도로 멋졌어.
드웨인 : 진짜 끝내줬어.
올리브 : (웃으면서) 고마워.

리처드는 트렁크를 닫는다.

리처드 : 어서 여길 뜨자…!

그는 걸어서 운전석 문을 연다. 그밖의 모두는 차 뒤에 서서 밀 준비를 한다.

- **live with**
  …을 감수하다, 참고 견디다
  to accept something unpleasant that you cannot change
- **beyond great**
  매우 훌륭한, 이루 다할 수 없을 정도로 멋진
- **incredible**
  〈구어〉 놀라운, 믿기 어려울 만큼 훌륭한, 믿어지지 않는, 굉장한
  impossible or very difficult to believe; extremely good or extremely large

Lock and load.
어서들 떠날 준비해.
원래는 군대 용어로 '무기를 안전하게 잡고 탄약을 장전하라'는 뜻이다. 속어로는 '당장의 일을 준비하라'는 뜻이다.

Zoom In

Lock and load.
어서들 떠날 준비해.

Richard climbs in the driver's seat. They all push. The van starts rolling, slow at first, then faster and faster. The sliding door is open. Olive runs beside it and jumps in. Sheryl shouts for joy and dives in.

163. INT. VW BUS. DAY
Richard guns the engine and shifts from neutral to third.

RICHARD : It's in gear.

The bus is revving high.

164. EXT. PARKING LOT. DAY
The bus runs towards the barrier gate.
Frank dives in and finally Dwayne dives after him.

165. EXT. TICKET BOOTH. DAY
Ms. Jenkins sits in the driver's seat of her car. It stops on an exit only lane. She watches the van running to the booth in surprise.

MS. JENKINS : What in the world ...?

The bus hits the barrier gate of the entrance only lane, breaks it into pieces and runs away. The horn honks loudly.
Ms. Jenkins' mouth is wide open.

166. INT. VW BUS. DAY
Everyone cheers.

167. EXT. HIGHWAY. AFTERNOON
The VW drives along the highway. The sky glows with the splendor of the setting sun.
We draw back. The horn continues honking intermittently.

리처드는 운전석에 탄다. 그들 모두는 차를 민다. 차는 구르기 시작한다. 처음에는 천천히, 그리고는 점점 더 빨리. 옆문이 열려 있다. 올리브가 그 옆을 달려 올라탄다. 셰릴이 즐거워서 소리치며 올라탄다.

163. 내부. 폭스바겐 버스. 낮
리처드는 시동을 걸고는 기어를 중립에서 3단으로 바꾼다.

리처드 : 기어 바꾼다.

버스는 붕 하고 소리를 높인다.

164. 외부. 주차장. 낮
버스는 차단기를 향해 달린다.
프랭크가 뛰어 올라타고 마침내 드웨인이 그를 따라 올라탄다.

165. 외부. 요금 정산소. 낮
미즈 젠킨스가 차의 운전석에 앉아 있다. 차는 출구 차선에 서 있다. 그녀는 그 버스가 정산소를 향해 달려오는 것을 놀라 바라본다.

미즈 젠킨스 : 대체 저게 무슨…?

버스는 입구 차선의 차단기를 쳐 산산이 부수며 달려나간다. 경적 소리가 크게 울린다.
미즈 젠킨스의 입이 크게 벌어진다.

166. 내부. 폭스바겐 버스. 낮
모두가 환호한다.

167. 외부. 간선 도로. 오후
폭스바겐은 간선 도로를 따라 달린다. 하늘은 석양의 찬란함으로 빛난다.
카메라는 뒤로 물러선다. 경적은 간헐적으로 계속 빵빵거린다.

- **glow**
  빛나다, 빛을 내다, 시뻘겋게 되다
  (especially of something hot or warm) to produce a dull, steady light

- **splendor**
  장려, 광휘, 광채, 빛남, 훌륭함
  grand and impressive beauty

"Aaahhhhhhh!!! Aaahhhhhhhhhhhhh!!!"

"Aaahhhhhhh!!! Aaahhhhhhhhhhhhhh!!!"

Are you gonna win?

Yes!

Okay! "A la mod-ee," then.

68

You're the most beautiful girl in the whole world.

Whatever happens, we're a family.
And what's important is that we love each other.
'Course I love you guys so, so much ...

We're not asking for an advantage!
We just want her to compete! That's it.

We're not asking for an advantage!
We just want her to compete! That's it.

Yeah, you were great!